TOPA?

TIÃO ROCHA

TOPA?

Um educador em busca do não feito: ainda

editora
Peirópolis

Para Marcos Kisil, que há quarenta anos acolheu minhas ideias exóticas, os nossos "não objetivos da educação", e me estimulou a fazer maiores perguntas, correr atrás de novos aprendizados e materializar os conceitos que vieram nortear a minha vida e o trabalho do CPCD.

Para Luiz Seabra, que há quase quinze anos me estimula a aprender mais e mais sobre a "alma brasileira" e a estruturar projetos com o gosto, o cheiro e os traços de nossa gente. E o principal: que me ensinou que a alquimia da transformação só se concretiza se incorporarmos a ela uma porção abundante de poesia.

Para as educadoras e educadores do CPCD, corajosos e ousados cúmplices de trajetória, aprendizagens e Utopia.

*A lembrança da vida da gente se guarda em trechos diversos,
cada um com seu signo e sentimento, uns com os outros acho que
nem não se misturam. Contar seguido, alinhavado, só mesmo
sendo as coisas de rasa importância.*

João Guimarães Rosa

Agradecimentos

Agradeço, com doçura e com afeto:

A todos os personagens, que são os protagonistas deste livro.

À Renata Borges e sua equipe da Editora Peirópolis, que acolheram e adotaram minha narrativa e a imprimiram, com sensibilidade e competência, gerando, feito mágica, um livro nunca havido.

À Gislane Sena, minha secretária há tantos anos, que transcreveu e digitou todas as dezenas de horas de cursos, palestras, seminários, entrevistas que gravei em meu celular e que são a matéria-prima deste livro.

À professora Cristina Loyola, com quem trabalhei por mais de doze anos em projetos de saúde básica e educação rural na Amazônia maranhense e que, sentindo necessidade de registrar todas essas falas, gentilmente organizou os primeiros materiais transcritos e os submeteu para publicação. O material já estava no prelo quando percebi que ele ainda não estava "maduro" o suficiente para ser público e o trouxe de volta. Muitos outonos foram ainda necessários para eu decidir partilhá-lo.

À Regina Bertola, minha companheira de vida e de sonhos, que, quando o texto enfim tomou forma, a meu pedido e por desejo dela, leu e releu os originais e fez um montão de observações e sugestões que se incorporaram à narrativa.

À Vera Lion, parceira de muitos anos em projetos os mais diversos, que se ofereceu gentilmente para ler todo o material e apontar as incorreções de digitação e palavras que ainda sobreviviam erradas depois de tantas leituras.

Por último, e especialmente, à Luciana Aguiar, querida amiga Lu, diretora de comunicação do CPCD, que tomou para si a tarefa de reestruturar todo o material. Sou completamente indisciplinado para escrever. Durante alguns anos, a Lu trabalhou no processo de organização e sistematização dos textos. Inúmeras vezes me entrevistou e conversamos horas sobre o que era preciso explicar, consertar, complementar. Por fim, ela assumiu a encrenca e o desafio de levar os originais para a publicação. Ou seja, é dela a culpa de este livro estar hoje em suas mãos.

Sumário

Apresentação	10
Primeiras histórias	13
Herdeiro de uma tia rainha	16
Aprendendo na marra	22
Uma ideia encontra seu lugar	26
Não objetivos na prática	31
Pequenos nadas, grandes descobertas	35
A pergunta certeira	39
É preciso ler o mundo... e aprender o outro verdadeiramente	41
A roda como pedagogia	46
Sabão?	51
O encantamento dos livros	55
Educação pelo brinquedo	61
Jogos de aprender	67
Perseguindo o acontecido	74
Criadores de formas	79
"Me ajuda a olhar!" x "Me ensina o que você viu?"	85
Lições de Moçambique	88
Vida no lixão	94
Afeto se aprende	103
Autonomia à baiana	109
Educador é aquele que aprende	115
O lado B	120

Sementinha na cidade grande	124
A medida da transformação	130
No ritmo da escuta	136
Na Bahia-Minas: Estação Araçuaí	141
De repente, um coro	144
A arte como caminho	149
O corte de cana e a morte anunciada	153
Solidariedade e dignidade	157
Da UTI Educacional à cidade educativa	161
De cidade educativa a cidade sustentável	168
Oásis no semiárido mineiro	173
Araçuaí para todos, para sempre	176
Tecnologia e arte no Jequitinhonha	182
De Max-Neef a Parelheiros	185
Cuidando do futuro	190
O ponto do doce da mobilização	195
Sucessão de ousadias	199
Educação no campo: excelência como horizonte	206
A vila das caixas-d'água	211
Escada sonho	220
Esperançar e seguir	226
Álbum de fotos	228
Sobre o autor	235

Apresentação

LUCIANA AGUIAR

Em 2010, estive em Curvelo e Araçuaí para conhecer o trabalho do Centro Popular de Cultura e Desenvolvimento (CPCD), idealizado por Tião Rocha. Vivi um encantamento. Era possível ver ali o que acontece quando se juntam pessoas em torno de seus saberes, ofícios e sonhos. O que é a educação e quais são as marcas que ela pode deixar nas pessoas, nas comunidades.

De lá pra cá, além de orgulhosamente integrar o time dessa organização, tenho feito um esforço para me transformar em alguém que também pudesse praticar aquelas pedagogias, no trabalho e na vida. Olhar o "lado cheio do copo", valorizar a horizontalidade dos saberes que se encontram em toda pessoa e em todo canto, viver com simplicidade e afeto, em uma lógica de abundância.

Mergulhando na prática de Tião, eu aprendi: comece por você e pela sua vizinhança.

Hoje, é uma honra poder chamar Tião de amigo, além de mestre, e apoiar a captura de histórias preciosas, respeitando a sua voz tão peculiar, em primeira pessoa.

Com transcrições de palestras na mão, com o desafio de transformá-las em livro, Tião, um dia, me perguntou:

– Lu, você tem coragem de enfrentar essa encrenca? Topa?

– Claro que eu topo – eu disse.

A partir daí, me dediquei aos textos e, entendendo que havia histórias fundamentais de fora – e ainda há –, entrevistei Tião mais de dez vezes para ouvir, transcrever e preparar o texto. Apesar de estarmos próximos, vivíamos a pandemia da covid-19 e as conversas se deram à distância.

Em um processo que durou mais de quatro anos, as histórias foram aos poucos se acomodando no papel, para então voltarem ao mestre em formato de um livro que ia tomando corpo.

A publicação – projeto antigo, de muitas pessoas, para reunir memórias e aprendizados de Tião – busca registrar suas motivações, seus trabalhos em campo, suas vivências, seus clarões. Os capítulos traçam um itinerário de aprendizados e histórias, Brasil e mundo afora, que merece ser compartilhado para inspirar pessoas e processos educativos e comunitários de transformação.

Não há aqui uma preocupação estrita com a cronologia, mas com experiências e criações que foram se sobrepondo na trajetória do educador. A matéria-prima é a vida e a prática de Tião Rocha, dos projetos, dos educadores e das educadoras do CPCD.

Nesse itinerário, é possível entender como Tião Rocha – educador, folclorista e herdeiro de uma rainha – articula pedagogias a partir de uma prática educadora essencialmente freiriana e da interação com pessoas e comunidades, sem abrir mão de sua postura convicta de aprendiz.

Sinto que há aqui um mundo de contribuições que nasceram em pequenas comunidades a partir da experiência de pessoas comuns, ao se encontrarem com a coragem e a teimosia de pessoas educadoras atentas, éticas e comprometidas.

A busca contínua pelo não feito é o horizonte dessa travessia tão singular e, ao mesmo tempo, universal.

Nesta empreitada, agradeço ainda e profundamente a companhia honrosa do time do CPCD, a confiança de Renata Borges e toda equipe da Peirópolis e a ponte feita por André Gravatá, com a editora, para que esse livro viesse ao mundo.

Desejo a todos uma leitura prazerosa!

Primeiras histórias

Queria entender do medo e da coragem, e da gã que empurra a gente para fazer tantos atos, dar corpo ao suceder.

João Guimarães Rosa, Grande sertão: veredas

Meu nome é Tião Rocha, o apelido é Sebastião. Por favor, não me chamem pelo apelido, porque eu não me reconheço nele. Sou antropólogo, por formação acadêmica. Educador popular, por opção política. Folclorista, por necessidade. Mineiro, por sorte. Atleticano, por sina. Sou idealizador e presidente do CPCD – Centro Popular de Cultura e Desenvolvimento, criado em 1984.

Fui professor boa parte da minha vida. Dei aula em todos os níveis: no ginásio, no científico, que mudou de nome para segundo grau, no ensino médio, no terceiro grau. Dei aula na graduação, no mestrado, no doutorado, no pós-doutorado. Dei muita aula!

Eu era professor da Universidade Federal de Ouro Preto e um belo dia tive uma coisa que os americanos chamam de *insight*, mas em Minas a gente chama de "clarão" mesmo. Costumo ter esses clarões vida afora que fazem toda a diferença.

Então, falei com um grupo de professores:

– Chega, a partir de hoje eu não quero mais ser professor!

– Como assim? O que aconteceu, Tião?

– Aconteceu que a partir de hoje eu quero ser educador!

– Ah, pára com isso, cara! Professor e educador são sinônimos, são iguais! São a mesma coisa, ganham o mesmo salário, a mesma merreca.

– Não, são coisas diferentes!

– Qual é a diferença?

– A diferença é que professor é aquele que ensina e educador é aquele que aprende! E desconfio que estou passando da hora de sair daqui, que é o lugar da ensinagem, para ir para o lugar da aprendizagem. Acho que esta universidade precisa fazer isso o mais urgentemente possível. Nós estamos aqui fechados, entre quatro paredes. Não entra oxigênio, cara, nós estamos respirando gás carbônico! O assunto que mais escuto aqui são conversas em que "eu te cito e tu me citas". No final do ano, apresentamos mais teses, que ninguém lê obviamente, porque ninguém mais tem paciência para ficar lendo tese acadêmica que escrevemos para nós mesmos.

Eu comecei e continuei a falar disso no departamento, no colegiado, na congregação, na reitoria, em todos os níveis e, quanto mais eu falava e tentava refletir, mais incomodava as pessoas. Um dia, caiu a ficha: eu estava no lugar errado! A universidade, ou aquela universidade naquele momento, não queria aprender, ela queria ensinar. Ela não precisava de educadores, precisava de professores.

Fui, então, ao lugar certo, o departamento pessoal.

– Eu quero pedir demissão.

– Mas você não pode!

– Por que não posso?

– Porque você é um professor de uma universidade federal, um cargo estável, seguro. Nenhum professor jamais pediu demissão daqui!

– Mas, companheiro, eu quero sair! Como é que a gente faz então?

– Só com o pé na cova.

– Antes!

– Antes, não tem jeito! Nós não temos nem formulário para você preencher para mandar para o MEC.

– Se é uma questão de formulário, a gente faz um aqui agora. Resolvido. Foi um prazer conhecê-los, foi bom enquanto durou, fui!

Isso aconteceu em 1982. A partir daí, trabalhei para ser educador, aprendiz. Por esse motivo, criei, em 1984, o CPCD e a ele me dedico integralmente, fazendo permanentemente perguntas que me estimulam a aprender, a buscar o nunca havido.

O Centro Popular de Cultura e Desenvolvimento é uma instituição de aprendizagem: vive para aprender. Enquanto houver motivos para aprender, nós teremos motivos para existir.

Herdeiro de uma tia rainha

Meu povo me honra.

João Guimarães Rosa, Grande sertão: veredas

Nasci em Belo Horizonte e fui criado no bairro Santa Tereza. Só fui à escola aos 7 anos. Não existia pré-escola, íamos direto para o primeiro ano. Você entrava no primeiro ano adiantado ou no atrasado, porque sabia um pouquinho mais ou um pouquinho menos. Eu fui para uma escola pertinho de casa: Grupo Escolar Sandoval de Azevedo. No primeiro dia de aula, a professora nos levou para uma sala de leitura onde a gente se sentava no chão e ela, de uma cadeira, lia para nós. Ela abriu um livro – *As mais belas histórias*, de Lúcia Casasanta – e começou a ler.

– Era uma vez, em um país muito distante, viviam um rei e uma rainha e seus filhos e filhas...

Aí, eu levantei o dedo:

– Professora, eu tenho uma tia que é rainha!

– Que legal, meu filho, mas fica quietinho e escuta a história.

E continuou a ler a história da rainha e seu reino. Lá pela metade do livro, levantei o dedo de novo:

– Professora, eu tenho uma tia que é rainha!

– Já escutei, isso é história da carochinha. Agora, fique quieto e preste atenção.

A história continuou. Lá pelas tantas, eu insisti:

– Professora, eu tenho mesmo uma tia que é rainha!

– Cala a boca, menino! Silêncio! Fica quieto, que você está me atrapalhando.

Com a cortada, percebi que eu tinha que ficar calado. No final da aula, ela passou a mão em mim e me levou para a sala da diretora, que se chamava Ondina Aparecida Nóbrega. Era uma mulher forte, parecia um guarda-roupa. Todo mundo morria de medo dela.

– Esse menino atrapalhou muito a aula de leitura. Ele falou e ficou insistindo que tem uma tia que é rainha. Não sei o que faço com ele.

Dona Ondina rebateu, com a sensibilidade de um paquiderme:

– Você quer ser expulso, quer que chame seu pai, sua mãe, quer ficar de castigo ou vai ficar calado?

Naquele dia – eu brinco –, aprendi a fazer múltipla escolha. Escolhi a letra E: ficar calado e não falar nada mais. Voltei para a sala de aula e passei o resto do curso primário quieto. Nunca mais voltei a esse assunto sobre minha tia.

Anos mais tarde, eu me lembrei que estava escrito no alto da parede da minha sala que a "escola é continuidade do lar". Eu não sabia qual lar. Só sabia que não era o meu, não era a minha casa, a minha família, não era a minha história.

O assunto caiu no esquecimento e então fui para o ginásio. A primeira aula que tive foi de história, com o professor José Ramos, e ele começou o curso falando:

– Aqui é ginásio, não é mais o primário, agora é sério! Aqui não é brinquedo mais, não, não tem mais criança. Vamos começar com história do Brasil.

E começou direto a falar sobre a península ibérica, os reis da Espanha, os reis de Portugal, como é que o Brasil foi descoberto... O abestalhado aqui podia ter ficado quieto, mas não ficou. Levantei a mão:

– Professor, eu tenho uma tia que é rainha.

– Cara, como é que você se chama?

– Tião.

– Olha, não me atrapalhe, tá? A gente trabalha muito, ganha pouco... Primeiro dia e você já vem me encher o saco!

Eu fiquei quieto, até virei motivo de gozação dos outros. Nunca mais falei nisso e apaguei da minha memória essa história.

Fiz o segundo grau e chegou a época de fazer vestibular. Nenhum curso oferecido me interessava, não queria fazer nada. Fui morar em Ouro Preto, para ajudar meu irmão, que tinha lá um boteco. Era uma oportunidade de ficar fora, de ler, andar e pensar.

Um belo dia, um frio danado, tomei umas cachaças e fui ler *A um deus desconhecido*, do John Steinbeck, sentado atrás do cemitério da Igreja de Nossa Senhora das Mercês e Misericórdia, conhecida como "Mercês de Cima". Não sei se por efeito do livro, da cachaça ou do frio, comecei a olhar em volta como se fosse a primeira vez. Eu estava em uma cidade como Ouro Preto, em um cemitério de pedras, com um muro às minhas costas, uma paisagem enorme se oferecendo à minha frente, e o que eu estava fazendo ali não tinha nada a ver comigo. Eu não conhecia nada daquela cidade, daquela história.

Comecei a pensar sobre a história da cidade e lembrei da história da minha tia, que tinha a ver com tudo aquilo ali e que eu tinha perdido em algum momento. Naquele dia, resolvi fazer curso de história. Voltei para Belo Horizonte, fiz vestibular, passei e estudei história durante quatro anos. Lia tudo, me aplicava e fui excelente aluno. No quarto e último ano, conheci o professor Caio Boschi, de quem fiquei muito amigo. É um pesquisador, culto, com quem eu tinha intimidade. Um dia, eu disse a ele:

– Professor, eu vim estudar história por causa da minha tia que foi uma rainha. Tem quatro anos que estou querendo estudar a história dela. Já estudei e conheci tudo quanto é rainha, de todas as dinastias, de tantos países, mas eu não tive uma aula sequer sobre ela, sobre a minha tia.

Ele riu, muito.

– Mas você veio fazer o curso errado, cara! Sua tia não está aqui. Se ela estiver, vai aparecer na antropologia, que estuda essas coisas da cultura tradicional.

Ele me mandou para antropologia e eu fui. Estudei, fiz especialização e acabei caindo na cultura popular, que me fascinava. Virei antropólogo, folclorista e pesquisador. Enfim, encontrei onde minha história se encaixava: minha tia foi Rainha Perpétua do Congado.

Ela deixou uma marca muito forte na minha memória, no meu inconsciente ou sei lá onde. A presença de uma rainha de verdade, com sua coroa, seu manto vermelho, seu cetro e o cortejo. Do mês de agosto ao mês de outubro, todos os domingos, os ternos de congado das Irmandades de Nossa Senhora do Rosário dos Pretos faziam as festas em homenagem à santa. Eles iam buscar minha tia rainha na casa dela. Armavam o pálio em vermelho e a conduziam em cortejo. Ela vinha com toda a pompa e circunstância, cercada de moçambiques, congos, marujos, catopês, caboclinhos. Eu, menino, achava aquilo fascinante. Ia atrás, furava a fila, ficava pertinho dela. Quando ela se sentava pulava no seu colo. Eu me sentia à vontade no colo da rainha, era minha tia! A rainha!

Anos depois, uma das minhas irmãs me mostrou uma foto minha vestido de congadeiro para poder entrar no ritual mais paramentado.

Continuei a busca e o retorno à presença da minha tia rainha, do festejo de Nossa Senhora do Rosário, de tudo aquilo que para mim era monumental e marcou minha infância. Percebi, à medida que ia estudando, que essa história não se encaixava em lugar nenhum. Mal era mencionada nos livros de cultura popular, de folclore. Por isso, virei pesquisador, frequentador de folia de reis, de folia do divino, do congado e, durante muitos anos, fiz isso como uma necessidade minha. É por isso que, quando eu me apresento, falo que sou folclorista por necessidade. Tenho necessidade de entender, não do ponto de vista do folclore, mas dessa cultura da qual fui parte.

Esse fato, que marcou minha infância, era desconhecido e desconsiderado pela escola, pela universidade. Parece que seguia em paralelo, não tinha nenhuma conexão com os conteúdos acadêmicos. Ao ouvir história de reis e rainhas, histórias da carochinha, percebi que havia outras realezas e dinastias que jamais iriam estar ali. Jamais seriam lidas ou contadas para os meninos. Tudo o que eu penso, daquilo em que acredito e faço, do que tentei colocar em prática na minha vida como professor e depois no CPCD como educador, tem a ver com isso. É quase uma continuidade, uma busca permanente.

Eu digo sempre: quero conhecer, descobrir e falar sobre outros reis e rainhas, outras dinastias. Quero que os meninos com quem eu convivo possam manifestar essa realeza. Esse sangue "azul" sob a pele negra. Essa narrativa, que ganhou consistência para mim, foi construída juntando peças até criar uma lógica. A responsabilidade do que eu sou, de onde estou, é da minha tia rainha: dona Maria Hilarina de Jesus, irmã do meu pai, filha da minha avó, que também era congadeira. Todos os parentes do meu pai, que nunca mais encontrei, estavam ligados a essa herança de cultura negra, tradicional e religiosa.

Nunca me candidatei a sentar ou deitar num divã para conversar sobre isso. Acho que, se um dia eu o fizesse, provavelmente conseguiria explicar, racionalizar por que essas coisas aconteceram. Foram muitos clarões nesse processo e acabei atando os fios. Fico feliz que tenha acontecido assim. Sinto orgulho e prazer de me reconhecer e ser como sou graças à herança de minha tia rainha.

Há algum tempo, quando era presidente da Comissão Mineira de Folclore, fui convidado para uma missa conga, que é celebrada em agosto, no bairro Renascença, em Belo Horizonte. No final, me chamaram para falar e me vi cercado de reis e rainhas, princesas e capitães, mantos e coroas, estandartes e tambores. Estava em casa. Era a chance de contar minha história, e contei.

Então, toda aquela realeza me acolheu como parente, e eu, homem feito, me senti completamente à vontade, herdeiro orgulhoso, no colo generoso da minha tia rainha.

Aprendendo na marra

Viver – não é? – é muito perigoso. Porque ainda não se sabe. Porque aprender a viver é que é o viver, mesmo.

João Guimarães Rosa, Grande sertão: veredas

Antes de criar o CPCD, de ir trabalhar na Universidade de Ouro Preto, ainda em Belo Horizonte, eu era aquele professor que dava aula das 7 às 22 horas, de segunda a sexta. Aos sábados, acabava mais cedo, às 17 horas. Ônibus, táxi, corre pra cá e corre pra lá, uma loucura! Além de na PUC, eu dava aula no Colégio Promove, no Colégio Padre Machado e no Instituto Alcinda Fernandes, no bairro Sion. Ali eram apenas 120 alunos em toda a escola, onde estudavam os filhos da classe AAA. Todo dia, na hora de entrada e saída, formavam-se engarrafamentos com motoristas e seguranças buscando e levando os meninos.

Lá eu dava aula para a sétima e a oitava séries, de história moderna e contemporânea, as mesmas matérias que eu lecionava no Promove, no Padre Machado e na PUC. O curioso era que, na PUC, os alunos sempre se esquivavam de ler os livros que eu indicava, queriam resumos, apostilas, mas, no Instituto, os meninos de 7ª e 8ª séries liam.

Em uma das turmas tinha um aluno chamado Álvaro Prates. Quando eu via na minha agenda que tinha aula no Alcinda, mais precisamente na sétima C, eu pensava: amanhã tenho aula na sala do Álvaro. Não preparei nada, ferrou! Eu parava tudo o que estava fazendo e ia estudar. Sabia que o Álvaro lia todos os livros que eu pedia e mais um tanto que eu não conhecia. Ele chegava na aula e mandava:

– Tião, bom dia! Uma questão...

E nas aulas dessa turma, que começavam assim, eu já propunha:

– Vamos fazer uma roda e conversar? Qual é a questão, Álvaro?

– Eu estava lendo este livro, que sugeri para o Paulo, que também está lendo, e eu queria saber sua opinião sobre o seguinte...

Esse menino era uma luz! Tocava flauta, jogava futebol, molecão, boa gente. Ele forçou todo mundo a ler, e as aulas viraram uma grande sabatina. Só que o programa ia ficando para trás e a gente tinha que recuperar. Eu propunha encontros aos domingos à tarde e todo mundo ia. Não desistiam, e aquilo me mobilizava mais e mais. Fazíamos provas orais e avaliação aos sábados, aos domingos, porque nos faltava tempo. Incrível!

Um dia, cheguei à escola e vi um monte de motoristas na porta mais cedo que o costume:

– O que aconteceu, gente?

– O Álvaro.

– O que aconteceu com o Álvaro?

– O Álvaro morreu.

– O quê? Não é possível! Menino de 14 anos não pode morrer, assim, de repente. Estive com ele há dois dias!

– Ele morreu, professor!

– Do quê?

– Ninguém sabe.

Uma comoção sem respostas tomou conta da escola.

Fomos todos para o velório, no Cemitério da Colina. Lá, um casal que eu não conhecia se aproximou de mim.

– O senhor é o professor Tião Rocha?

– Sim.

– Nós somos os pais do Álvaro.

– Sinto muitíssimo. O que aconteceu com o Álvaro?

– Ontem, o Álvaro se jogou do alto de um prédio.

– Como assim? Foi uma fatalidade, ele caiu, escorregou?

– Não, subiu e pulou!

– Mas por quê?

– Essa é a pergunta, professor: por que o nosso filho saltou da vida para a morte? Nós estamos desde ontem procurando uma resposta, um motivo, procurando papéis, bilhetes, telefonemas, recados, qualquer coisa. Então, lembramos que o senhor era o nome mais falado lá em casa. Na hora do almoço, na hora do lanche, o Álvaro sempre falava do senhor. O senhor era o assunto principal da mesa: "o professor Tião Rocha é o cara! Amanhã, vou fazer uma pergunta para ele que quero só ver o que ele vai responder..." Professor, o senhor era o ídolo do nosso filho, parte integrante da nossa vida. O senhor deve saber: por que o nosso filho se matou, professor?

– Eu não sei.

– Como não sabe? O senhor tem que saber, tem que saber!

– Sinto muito, mas eu não sei.

A dor é mesmo lugar incomunicável, onde as respostas não aportam.

Quando saí dali, fui para casa, peguei tudo o que eu tinha dele e comecei a ler. A família fez a mesma coisa. Juntamos tudo e publicamos um livro com os escritos dele, que se chama *Fim da estrada*.

Eu ficava lendo o livro e procurando: onde está a piscadela? Esse menino deve ter me dito, tenho certeza que ele me disse: "Tião, eu estou indo, eu vou pular, estou indo embora". Só que eu não estava atento, não entendi, não soube diferenciar piscadela de piscadela.

Naqueles dias de luto, eu enxergava duas opções:

Plano A: mudar de profissão. Eu nunca mais entraria numa sala de aula; não tinha estrutura para lidar com outra perda;

Plano B: voltar a dar aula. Mas se voltasse para a sala de aula, nunca mais perderia um menino.

Escolhi o Plano B e tudo mudou completamente. Porque eu mudei! Nunca mais fui o mesmo professor. Não perco mais ninguém. Não! Nem que a vaca tussa!!

Por essa perspectiva, sabe qual é a importância que tem a Segunda Guerra Mundial, o imperialismo inglês, a Revolução Russa para mim? Nada. Zero. O conteúdo e currículo da história moderna e contemporânea a ser ensinada nas escolas? Nada. Zero. Porque, antes desta, preciso saber e conhecer a História de cada um e cada uma. Se eu não puder aprender a história de cada um, não me interessa que eles saibam as outras histórias da humanidade.

Então, o Álvaro está aqui hoje, ele vai comigo aonde eu vou, ele vive me azucrinando! E eu preciso da presença dele comigo. É o meu anjo da guarda. Ele me fez mudar e perceber que eu precisava apreender o outro, aprender a diferenciar piscadela de piscadela. Ele me levou para o alto daquele prédio para me ensinar que os nossos meninos e meninas só podem frequentar as alturas se pudermos aprender, juntos, a dominar as rotas dos voos e dos pousos. Livres e imprescindíveis, como os passarinhos.

Uma ideia encontra seu lugar

O sertão está em toda parte.

João Guimarães Rosa, Grande sertão: veredas

Sou apaixonado pela obra de Guimarães Rosa. Literalmente. Um dia, quase por acaso, li uma carta escrita por Rosa para amigos curvelanos, em que ele dizia: "Curvelo é a cidade capital da minha literatura". Nesse dia, resolvi me mudar para Curvelo, cidade distante 170 quilômetros de Belo Horizonte, na entrada do sertão mineiro.

"É lá que vou começar", pensei. E comecei!

Fui em busca dos personagens do Guimarães e tive a sorte grande de conhecer e conviver um pouco com o Manuelzão, aquele mesmo, de *Manuelzão e Miguilim*, em Andrequicé. No entanto, o que eu mais via nas minhas andanças pela região era criança. Uma meninada danada.

– Gente, de onde saiu essa meninada toda?

– Uai, menino sai de onde sai menino!

– Isso eu sei. Mas por que tem tantas crianças assim aqui?

– Acho que é por causa do pequi!

– E o que o pequi tem com isso?

– Ué, você não sabe? O pequi é afrodisíaco.

E riam.

Depois, aprendi que, se der três safras de pequi no ano, a tendência é a população aumentar três vezes! É que, para catar pequi, tem que ir para o meio do mato, não é? Assim, entre idas e vindas, nove meses depois aparecem os pequizinhos, filhos dos pequizeiros.

De onde vinham as crianças, eu aprendi logo. A pergunta que comecei a me fazer era: para onde vão? Que futuro tem essa meninada? Porque não havia escolas para tantas crianças e, quando havia, elas não permaneciam nelas. Os índices de evasão e abandono eram enormes.

Um dia, estava eu sendo entrevistado num programa da rádio de Curvelo quando levantei a seguinte questão: será que é possível educação sem escola? Será que é possível fazer boa educação debaixo de um pé de manga, por exemplo?

Ao final do programa, a jornalista Gislaine Moreira perguntou:

– Qual a sua resposta, Tião, para sua própria pergunta?

– Não sei! Mas, se os seus ouvintes quiserem me ajudar a responder, podemos marcar um encontro.

Feito.

Marquei um dia e um local para essa improvável reunião. Para minha surpresa, no dia e hora marcados, apareceram vinte e seis pessoas! Nesse grupo tinha gente de todo tipo: professora, aposentada, estudante, dona de casa, gente curiosa, desocupada. Cumpri o prometido: se vieram, então vamos conversar! Era uma conversa de uma tarde, sem maiores consequências. Ao final, percebemos que não tínhamos tocado na questão inicial e marcamos outra conversa. Depois de muitos dias e muitas conversas, percebi que nenhum de nós, daquele grupo de vinte e seis pessoas, conseguia dizer como deveria ser uma educação sem escola ou uma escola debaixo de pé de manga.

Não conseguíamos falar de futuro, nem projetar o futuro, mas, em compensação, sabíamos fazer uma leitura muito crítica do nosso passado. Sabíamos dizer como não deveria ter sido a nossa escola e a nossa educação. E, se a gente podia fazer uma leitura crítica do passado, a gente sabia como não deveria ser a escola que gostaríamos de ter para os nossos filhos e netos, para não reproduzir a que nós tivemos.

Percebi que não havíamos proposto nenhum objetivo. Então, juntei aquilo tudo que conversamos e escrevi em uma folha de cartolina: "não objetivos da educação", que era simplesmente o que nós não queríamos que acontecesse aos meninos.

Rodei aquilo num mimeógrafo, daqueles de álcool que sujam as mãos de tinta roxa, e mandei para um montão de pessoas. Claro, a maioria nem leu! Mas, um belo dia, recebi um telefonema de São Paulo. Era o Dr. Marcos Kisil, então diretor da Fundação Kellogg para a América Latina.

– Olha, eu recebi aqui um projeto muito estranho. É um projeto que não tem objetivos, tem não objetivos! A nossa fundação é séria, senhor Tião Rocha. Nós não podemos apoiar um projeto com não objetivos. Apoiar o senhor com seus não objetivos, só se for com um não financiamento.

Entendi a fala dele e respondi, provocando:

– Mas, se o senhor me apoiar, o senhor vai ter não resultados.

– Então, me explica melhor o que vocês querem fazer aí em Minas?

– Desaprender! Não cair na vala, não cometer os mesmos erros e equívocos que foram cometidos historicamente contra todos nós.

– Então, faz o seguinte: no dia que você tiver aprendido alguma coisa, você vem a São Paulo. Se convencer a minha dire-

NÃO OBJETIVOS DA EDUCAÇÃO

- Criar uma relação desigual (ou a dialética do "senhor x escravo") entre crianças e adultos.

- Fazer da criança um objeto do interesse dos professores e pais. Um ser sem vontade e vida própria.

- Repassar os nossos modelos de vida como soluções para as crianças. Pensar a criança como página em branco onde podemos escrever o nosso livro.

- Ver a criança como "adulto que não cresceu".

- Podar nas crianças seus sonhos e seu poder criador.

- Acreditar que nossos conhecimentos são os únicos e verdadeiros.

- Incentivar nas crianças o espírito possessivo, de concorrência e individualismo. Contribuir para produzir pessoas omissas, alienadas e sem identidade cultural: ensinar às crianças que "o mundo é dos mais fortes, mais espertos ou mais ricos".

- Censurar o espírito crítico, observador e inquiridor das crianças.

- Fazer das crianças e, principalmente, dos professores cumpridores de tarefas e repetidores de ideias e conceitos alheios, eficientes e cordatos.

- Criar uma escola que seleciona.

- Contribuir para que escola seja um lugar chato, onde o autoritarismo reina, o castigo impera, a prepotência governa e a desigualdade domina.

- Manter a escola como um lugar onde se entra, mas não se permanece; onde se matricula, mas não se forma; onde se estuda, mas não se aprende.

toria, quem sabe pode ganhar o nosso apoio. Até lá, vou abrir aqui na fundação um banco de ideias exóticas e a sua vai ser a primeira, tá?

– A segunda, porque a primeira tem que ser o verso do poeta Manoel de Barros: desaprender 8 horas por dia ensina os princípios.

Não objetivos na prática

Eu quase que nada não sei.

Mas desconfio de muita coisa.

João Guimarães Rosa, Grande sertão: veredas

Juntei aquela turma com a qual conversei longas tardes e contei:

— Olha, tem um cara lá em São Paulo nos provocando! Vamos para a rua praticar?

— O que vamos fazer?

— O que vamos fazer, não sei. Sei o que não vamos ou não podemos mais fazer: tudo o que listamos como "não objetivos"! Topam?

Fomos para a rua. Dividimo-nos em duplas: uma pessoa para tomar conta da outra. Tínhamos como princípio os não objetivos. A nossa regra era assim: se a gente não fizer isso que está escrito, o resto é lucro.

O que a gente não queria fazer? Repetir ideias, como a que ouvi de uma diretora de escola de Ouro Preto:

"As crianças são como uma página em branco onde devemos escrever um belo livro!"

Pensei: "Meu Deus, onde é a porta de saída? Se uma diretora de escola considera uma criança de 7 anos uma página em branco, ela não entende nada de criança!"

Só que isso continua, nós continuamos achando que as crianças, os jovens, os alunos (ou "aqueles que não têm luz") são como páginas em branco e a escola é o lugar para onde eles vão a fim de encher suas cabeças (vazias) de coisas que nós acreditamos que sejam importantes para a vida deles.

Outro não objetivo que não queríamos repetir era achar que criança é um adulto que não cresceu e pensar que os nossos conhecimentos são os únicos e verdadeiros.

Tendo como base os não objetivos, fomos para os bairros e vilas, juntamos a criançada nas ruas, praças, barraquinhas de igrejas, quintais e campos de futebol e criamos uma experiência de aprendizado, que foi longa e fundamental para a nossa existência.

Os grupos de trabalho foram divididos de acordo com o local onde as pessoas moravam, para que ficassem próximas de suas casas. Eu trabalhava com essas pessoas para formar um espírito coletivo, de time. Um bocado dessas coisas que o CPCD faz hoje começou a ser testado ali: como é que a gente forma um time e bota uma ideia em prática? Às vezes, acho que o Plano de Trabalho e Avaliação (PTA)[1] surgiu aí, dessa experiência de saber que o objetivo ali era não cair na vala. Fora disso, o que a gente inventasse estava valendo.

Nos bairros, fomos definindo as áreas, conduzidos pelos meninos. Era preciso saber onde eles estavam e juntá-los. Não importava se o menino era grande ou pequeno. A ideia era juntar todos em qualquer lugar que fosse fácil e seguro: um galpão, debaixo de uma árvore, uma praça, o quintal de uma casa, um terreno abandonado... tinha de tudo. A gente estabelecia um lugar como o ponto de encontro e íamos convocando pessoas e crianças.

---

1 O Plano de Trabalho e Avaliação é uma metodologia desenvolvida pelo CPCD para planejar ações com os times a partir de um objetivo, uma causa comum. É certificado pela Fundação Banco do Brasil como tecnologia social.

Fazíamos uma roda e sentávamos para conversar com os meninos e construir com eles algum caminho. Se, ao final do dia, a gente conseguisse estabelecer uma pauta para o dia seguinte, estava ótimo. Na verdade, nem sabíamos se haveria dia seguinte, quanto mais uma pauta. E aí começou a acontecer: no dia seguinte, quando chegávamos ao ponto de encontro, lá estavam os meninos. Eles voltavam!

Eu acompanhava esse acontecido. Rodava entre os grupos e rodas e percebia que tudo aquilo que se fazia debaixo da árvore ou em qualquer cantinho devia ser objeto de reflexão. Todos os dias, no final da tarde, fazíamos uma roda para as duplas falarem do seu dia: como se sentiram, como é que estavam, como iam continuar, e nessa hora surgiam temas e desafios permanentes. Eu me lembro de alguns deles.

As crianças tinham que atravessar ruas e avenidas para chegar aos pontos de encontro. Iam em fila de dois a dois, Cosme Damião, mãozinhas dadas. Eu vi aquilo e não achei legal. Perguntei:

– Para que fila?

– Para garantir a segurança.

– A fila educa?

– Sei lá, não sabemos.

– Pronto. Então, temos que parar para pensar. Vamos marcar um dia para discutir filas.

Fizemos isso em um final de tarde, sem pressa. Chegamos à conclusão de que fila não educa, só bota ordem. E, se não queremos botar ordem, as andanças podem ser feitas sem fila. Está proibida a fila!

Esses compromissos forçavam o time a buscar outros caminhos e soluções.

No bairro da Passaginha, um grupo tinha que passar por várias avenidas, num vai e vem constante de caminhões. As educadoras me disseram:

– Vai lá ver o que nós vamos fazer!

Fui, claro! E fiquei observando. Elas abriram os braços como asas e chamaram os meninos.

– Junta todo mundo! Olha para a direita e para a esquerda. Está vindo carro, caminhão?

– Não!

– Então, vamos!

Quando chegaram ao outro lado, me perguntaram:

– É isso que você está querendo?

– Vocês estão parecendo umas galinhas chocas com um monte de pintinhos debaixo das asas. Mas já é muito melhor do que fila!

E a discussão continuou, em busca de uma forma de fazer as crianças atravessarem as ruas sem serem atropeladas. E sem fila.

Criaram um monte de pequenas soluções, que naquele momento eram fundamentais para que as crianças aprendessem a andar pela cidade em segurança.

– Vamos colocar uma meta: é proibido ser atropelado.

E talvez tenha sido esse o nosso primeiro objetivo: a gente não podia perder menino de jeito nenhum!

Pequenos nadas, grandes descobertas

Vivendo, se aprende; mas o que se aprende, mais, é só a fazer outras maiores perguntas.

João Guimarães Rosa, Grande sertão: veredas

As mães mandavam alguma coisinha para o lanche dos filhos. Mas queríamos transformar a merenda individual em algo coletivo: um piquenique! Procurar um lugar, estender uma toalha, para cada um colocar ali o que havia trazido. Se um menino trouxesse cinco bolachas, tinha que quebrar essas bolachas em vinte pedaços, porque eram vinte crianças. A maçã era cortada que nem uma hóstia! As educadoras preparavam aquela mesa inusitada, era uma alegria! Cada um comia alguma coisa, brincava, e estávamos resolvidos. Um dia, surgiu uma discussão.

— Assim não dá mais!

— A gente precisa pedir lanche pra prefeitura.

— Não, não vamos pedir nada pra prefeitura.

— Vamos pedir sopa pra alguém?

— Não vamos pedir nada, vamos resolver de um jeito novo.

Certa feita, um senhor, de um bairro por onde as turmas transitavam, mandou um galão de leite para um grupo. Uns dez litros de leite!

– Opa! Hoje vamos beber leite até! Mas não pode desperdiçar, nem jogar fora.

– Vamos fazer assim: todos vão beber leite e com o que sobrar vamos fazer doce.

Na hora da roda, as crianças discutiram como iam agradecer pelo leite. Resolveram que iam desenhar. Fazer uma vaquinha, que é de onde sai o leite, ora! Fizeram os desenhos e foram levá-los para a casa daquele benfeitor. Quando recebeu os desenhos, o senhor quase morreu do coração, de tanta emoção, porque ganhou uma boiada de trinta vaquinhas. Esse homem continuou fornecendo leite para os meninos. Outras pessoas ofereciam coisas diversas, como contar histórias, ensinar uma música... E, aí, fazer doce, coisinhas de barro, bonequinhos, qualquer mimo, virou um ritual de agradecimento e é até hoje parte integrante do trabalho.

A comunidade foi percebendo o que estava acontecendo. A gente sentava em roda com todo mundo. Havia reuniões permanentes e eu ia a várias no mesmo dia. Às vezes, tinha um monte de gente; outras, um monte de pais; às vezes, cinco pessoas.

Mas eu sempre estava lá, para conversar, discutir questões pessoais e transformá-las em coletivas.

– Os meninos estão gastando roupas demais, vamos precisar de uniforme!

– Não tem dinheiro para uniforme. Além do mais, quem anda de uniforme é soldado.

E aí começamos a aprender.

– Quem sabe, dona Rita ensina para as outras mães como é que se faz tapete de pano? Aí os meninos podem andar com um tapetinho enrolado para se sentar e não sujam nem gastam tanto a roupa.

Outro reclamava:

– Não tem lugar para as crianças ficarem e se protegerem do sol. Precisamos começar a pensar em construir!

– Nós não pretendemos construir. Se não tem lugar, vamos continuar a andar, achar uma árvore ou usar chapéu.

– Vamos aprender a fazer chapéu!

Aí, aparecia chapéu de jornal, de papelão, de pano... A gente ia à casa das pessoas e elas começaram a apontar soluções, a se envolver. Toda reclamação dos pais virava alguma ação. E eles reclamavam muito! Por exemplo, as crianças não levavam lápis e caderno.

– Precisa ter lápis e caderno. Como é que as crianças vão aprender a ler e a escrever?

– Mas elas já sabem ler e escrever.

– Como?

Convidávamos os pais e as mães para uma exposição dos desenhos que os meninos faziam no chão, com graveto, semente, casca, pedaço de madeira, lata velha, papelão, contando histórias, escrevendo músicas, músicas que eles "compunham"!

– E isso aí é escrita?

– Isso é leitura do mundo.

As crianças estavam lendo o mundo do jeito delas, e as histórias que contavam e desenhavam eram a escrita. Eu queria ver se esses conceitos que a gente leu e aprendeu com Paulo Freire eram verdade. A leitura do mundo, do mundo delas. A escritura do ponto de vista delas.

Nós íamos juntando essas práticas. O que funcionava em um grupo servia para outros, porque as pessoas socializavam essas questões. Um educador ia formando o outro com o que aprendia: um jeito melhor de fazer um jogo, de fazer sabão, um doce ou uma brincadeira. Isso aqui funciona, isso aqui não funciona. Eles tinham um tempo para preparar o repertório de alternativas deles, para quando estivessem diante de alguns desafios.

O projeto tocava muito o brio das comunidades. A gente não abria mão das coisas que estávamos fazendo, não aceitávamos fazer por fazer. Os pais se envolviam diretamente. A gente aprendia. E havia os pontos estratégicos na comunidade: ponto de encontro, lugar de jogar futebol, lugar de merenda, lugar do banheiro, lugar do sabão, lugar da leitura. A comunidade foi se transformando numa grande escola.

Era um dia a dia assim, de uma intensidade incrível. Tínhamos criado o Sementinha – escola debaixo do pé de manga. O comprometimento era muito grande, cada vez com mais energia e envolvimento.

Era tudo muito experimental naquele momento, testando o tempo todo, questionando se as perguntas se sustentavam. Eu trabalhava das 9 horas da manhã às 2 da madrugada. Todos os dias. Era uma cachaça, era viciante. Um exercício permanente de aprendizagem.

A pergunta certeira

Quem desconfia fica sábio.

JOÃO GUIMARÃES ROSA, GRANDE SERTÃO: VEREDAS

Dez meses depois de iniciada a experiência em Curvelo, fomos a São Paulo e nos reunimos com a diretoria da Fundação Kellogg para contar o que tínhamos feito e descoberto. Eu já sabia como o Sementinha funcionava, tinha uma ideia estruturada: cada dia havia uma pauta, que era aquilo que as pessoas que participam da roda, direta ou indiretamente, sabiam, faziam e queriam. A partir da pauta era possível sistematizar os fazeres, os saberes, os quereres da comunidade. A gente falava das coisas palpáveis, materiais, das coisas conceituais e das intangíveis: grandes desejos, grandes sonhos. Era essa a matéria-prima do dia a dia do Sementinha.

E, apresentando essa prática em São Paulo, tive clareza total do que havíamos conseguido, o que, para mim, foi irreversível para todo sempre.

— E como estão as coisas lá em Minas? E os não objetivos?

— Continuamos a desaprender. Cada dia mais, pois, como nos soprou o poeta Manoel de Barros, "quem acumula muita informação perde o condão de adivinhar. Sábio é o que adivinha".

— Pois, então, adivinharam alguma coisa debaixo do pé de manga?

– Sim! E muito!

– O quê, por exemplo?

– Que é possível fazer boa educação em qualquer lugar. Que não é preciso ter escola para ter boa educação, mas é preciso ter gente. Porque educação é diferente de escolarização. Educação é algo que só acontece no plural, no mínimo entre duas pessoas, o eu e o outro, e tem que haver troca entre eles. A gente só troca o que tem pelo que não tem. Quem troca seis por meia dúzia está perdendo tempo ou enchendo linguiça.

– E o que mais vocês adivinharam?

– Que só é possível fazer boa educação com bons educadores. Só os bons educadores produzem boa educação. Infelizmente, o contrário também é verdadeiro: educadores ruins produzem caca educacional. E a pergunta que nos desafia agora é: onde estão os bons educadores? Sabemos que eles não estão sendo formados, nem em qualidade nem em quantidade, pelas escolas de formação, magistérios, faculdades etc. Então, a pergunta é: como podemos, nas comunidades onde atuamos, formar os educadores necessários para a educação de crianças e jovens? Sobretudo, aprendemos que, para adivinhar, há que fazer boas perguntas. Perguntas que nos tirem do lugar-comum, que nos façam buscar caminhos e jeitos inovadores de aprender a aprender.

Ao final da reunião, ganhamos o apoio da Fundação Kellogg e, com ele, por uns quinze anos, pudemos espalhar e multiplicar nossas experiências, aprofundar nossas propostas para formação de mais educadores, experimentar novos olhares, apurar nossa escuta, fazer novas e maiores perguntas e inventar, pois, como sabe o poeta, "inventar aumenta o mundo".

É preciso ler o mundo...
e aprender o outro
verdadeiramente

O mais importante e bonito, do mundo, é isto: que as pessoas não estão sempre iguais, ainda não foram terminadas – mas que elas vão sempre mudando. Verdade maior que a vida me ensinou.

João Guimarães Rosa, Grande sertão: veredas

Depois de muito praticar e muito refletir sobre nossas ações, nos sentimos autorizados a sair dos "não objetivos" e aptos para, enfim, construir um "objetivo".

Todo mundo sabe como se constrói um objetivo, não é? Não é complicado: você coloca um verbo no infinitivo no início da frase e depois "enche de linguiça". O objetivo estará formulado e pronto, pelo menos no enunciado. Por exemplo, "garantir o acesso de todas as pessoas aos serviços públicos", "diminuir a violência contra as mulheres em casa ou no trabalho", "promover a participação da comunidade na vida escolar" etc. Esses objetivos estão corretamente formulados. Se vão ser concretizados é outra questão. A maioria desses objetivos nunca saem da forma enunciada e acabam no fundo das gavetas.

Vejam como eram os projetos sociais da década de 1970 no Brasil. Todos tinham praticamente o mesmo objetivo: "melhorar a qualidade de vida das crianças vulneráveis, dos jovens em situação de risco e das comunidades carentes do norte e nordeste do país".

Além de não significar nada, esses objetivos retratam a prepotência de quem os formulou. O indivíduo sai de São Paulo e do Rio de Janeiro para "melhorar a qualidade de vida" *(sic)* do cidadão lá na Amazônia. É brincadeira! Qualidade de vida? E, pior que isso, nesse enunciado subentende-se "o outro" como vulnerável, em risco, carente, pobre etc., porque a "qualidade" de vida (dele) não é a de quem propôs o objetivo. Essa lógica classifica e expressa uma dicotomia de olhar "o outro" não como diferente, mas como desigual.

Nós percebemos que não podíamos cair nessa vala. Não bastava simplesmente enunciar um objetivo. Tínhamos que ter um verbo que não ficasse numa ação no infinitivo, mas fosse conjugado no presente do indicativo. Então, daquela época em diante, criamos o verbo que conjugamos diariamente, há quarenta anos, que é o verbo "paulofreirar". Ele só se conjuga no presente do indicativo: e*u paulofreiro, tu paulofreiras, ele/ela paulofreira, nós paulofreiramos, vós paulofreirais, eles/elas paulofreiram*. E não existe *eu paulofreiraria* ou e*u paulofreirarei*. Ou você faz agora ou sai da moita.

Paulofreiragem não é método, é vida. É olhar o outro não como desigual, mas como diferente, como aquele que completa você. Por isso, a educação é algo que só acontece no plural. É olhar-se e ao outro como seres políticos, inteiros, incompletos, repletos de potencialidade. Somos todos aprendizes e educadores permanentes pelo afeto, pela liberdade, pela solidariedade e pela justiça social. Olhar o mundo pela perspectiva da transformação, para não perder ninguém, e da inclusão; ou seja, embebedar-se dessa lógica paulofreiriana, que é sair da "pedagogia do oprimido", passar pela "pedagogia da esperança" e chegar à "pedagogia da autonomia".

O que a gente fazia era isto: ação-reflexão-ação. Vai lá, faz, aprende, reflete, volta. E faz de novo. Diferente! Melhor!

Isso pressupõe complementaridade, aprendizagem, pluralidade. Para isso fazer sentido, para ser um instrumento para cidadania, temos que estar atentos a todas as perspectivas, leituras e escritas do mundo, a partir do olhar do outro. O outro é a minha contraparte, é nele que me completo. Ninguém ama o amor, a gente ama o amor do outro ou pelo outro. Ninguém odeia o ódio, você tem ódio do ódio do outro. Só que, com esse outro, para que haja uma relação educativa, e porque somos diferentes, a relação deve ser entre iguais. Uma relação de iguais entre diferentes. Não de um que acha que sabe e um que acha que não sabe. Um que manda e outro que obedece. Um que diz e outro que não diz. É uma relação mútua, de complementaridade!

Aprender a cultura é aprender os saberes, os fazeres e os quereres do outro. É olhá-lo pelo que ele sabe, pelo que ele faz, pelo que ele quer. A cultura do outro é pública, notória, palpável, mas também microscópica, feita de piscadelas.

Aprender o outro é aprender o ponto de vista do outro.

O que é ponto de vista? A vista a partir de um ponto – só isso. E, do ponto que ocupamos no universo – seja uma sala, seja a escola, o mundo –, nós somos únicos. Não existe mais ninguém igual a mim no mundo. Ninguém, porque do lugar onde estou, o meu ponto de vista é só meu, único. Nem melhor, nem pior. Único, porque singular. Isso se aplica a qualquer pessoa. Mas, se nos propusermos a aprender o ponto de vista do outro, teremos muitos e diversos olhares, a partir do ponto que cada um ocupa. Se juntarmos todos os olhares singulares, teremos a pluralidade de visões e perspectivas. Se aprendermos as visões de mundo dos outros, vamos ser muito melhores do que somos, porque podemos aprender o que as pessoas têm, suas experiências, vivências, aprendizados, saberes. Se a gente tivesse a capacidade de exercitar isso ao extremo e aprendêssemos tudo de todos, nós, enfim, iríamos chegar à sabedoria humana plena. Infelizmente, nós não fomos treinados para isso, mas todos nascemos com essa potencialidade.

É como o antropólogo Clifford Geertz, no seu livro intitulado *A interpretação da cultura*, nos ensinou: o bom antropólogo (e eu incluo o bom educador) é aquele que, no seu âmbito de trabalho, na sua função, consegue fazer uma leitura do outro tão densa e tão significativa, que um dia ele é capaz de diferenciar piscadela de piscadela.

Todo mundo sabe o que é piscadela: é o ato de piscar. Todo mundo pisca naturalmente e não se dá conta de que faz isso. Aliás, acharíamos muito estranho alguém que, ao levantar-se pela manhã, olhasse para o espelho e dissesse: "estou muito cansada hoje porque ontem pisquei 16.433 vezes". Pensaríamos que a criatura era doida de pedra! Mas como é que você percebe as piscadelas? Porque há piscadelas e piscadelas. Quem é professor, quem é pai sabe disso:

– Menino, cadê o dever que você ficou de trazer para mim?

Com dez piscadas que o menino dá antes de responder, todo mundo sabe que o dever não vai aparecer.

Tem a piscadela de tique nervoso, assim como as piscadelas entre jogadores de truco. Mas também aquela fatal, sexta--feira, sábado, rapaz simpático, passando pela praça, vê uma moça bonita, o rapaz dá uma piscadela (posso ir?), se vira para o lado e conta quatro segundos e olha: 1, 2, 3, 4, porque, se vier uma piscadela igual, é discurso pronto (pode vir, claro!). Ou seja, piscar não é ação neutra, é intencional, tem carga cultural, só que microscópica.

Perceber isso é o ponto do doce. É o que faz a diferença entre o educador e o não educador. Educador é aquele que aprende o outro na sua inteireza. Quando se incorporar isso como exercício pleno de aprendizagem, vai haver cada vez mais perguntas, porque são elas que nos tiram do lugar e nos levam à busca das aprendizagens.

Espero que já tenha ficado claro que, quando falo "educação", não estou falando de escola. Escola é uma coisa; educação é outra. Escola é meio; educação é fim. E os meios têm que estar a serviço dos fins. E a escola tem que mudar quantas vezes forem necessárias, porque não podemos perder ninguém, nem deixar ninguém de fora ou para trás, porque todos e todas aprendem, mas cada um só aprende no seu tempo e no seu ritmo. Não podemos mais ter escolas ruins, porque escola ruim é a pior coisa, é igual a hospital ruim: dá medo de entrar.

Se a educação é plural, num processo permanente de aprendizado para a vida inteira e mais quinze dias, a escola deveria ser singular na vida de cada estudante e de todos, sem exceção. Um lugar cercado de aprendizagens para todos, porque é um lugar quase sagrado para o pleno desenvolvimento humano. Quero estar vivo para ver essa escola!

A roda como pedagogia

Um bom entendedor, num bando, faz muita necessidade.

João Guimarães Rosa, Grande sertão: veredas

Naquela dinâmica do Sementinha, foram acontecendo situações muito marcantes do ponto de vista conceitual. Um dia, num ponto de encontro, um dos meninos não apareceu. E aí, na roda, se discutiu: por que ele não apareceu? E alguém disse que o menino estava com catapora. Aí gerou a dúvida: catapora pega ou nega? Em todo caso, o menino não iria para a escola porque a mãe dele não iria deixar sair por causa do sol, do mal-estar... Outro, então, falou:

– Já que ele não vem aqui na escola, a escola podia ir na casa dele.

Então, pedimos autorização à mãe para ir lá e ela deixou. O menino participou de uma atividade, a casa virou ponto de encontro e foi uma folia, uma alegria total para todo mundo. No dia seguinte, os meninos falaram:

– Minha mãe mandou dizer que eu não preciso ficar doente para a escola ir na minha casa.

Pronto! Acabamos de ganhar um montão de "salas de aulas".

– Olha, agora é na minha casa!

Era a dica! Nós temos as casas, todas as casas, para esse ponto de encontro. E começamos a usar esses locais de forma sistemática, era um jeito de colocar as famílias todas na roda, fazê-las participar, construir e levar coisas. De repente, o bairro inteiro estava ao nosso dispor e sabendo o que, como, onde e por que tudo acontecia.

Havia uma lógica muitíssimo interessante e grandes reuniões da comunidade. Assuntos pequenos – caderno, roupa etc. – passaram para segundo plano. Valia muito mais o envolvimento dos meninos, o que podiam fazer juntos. Em uma dessas rodadas, uma senhora me disse:

– Tião, essa escola é diferente da outra.

– Por quê?

– Porque essa a gente vê.

– A outra você não vê?

– Não, a gente só vê o prédio, só as paredes, o muro!

– Mas você nunca entrou na sala de aula?

– Eu nunca vi meu menino aprendendo, agora eu estou vendo. Outro dia, a aula foi lá do meu lado, no meu quintal. Outro dia, eu fui lá e vi. E isso é muito forte para mim.

E aí a outra brincou com ela:

– Pois é, comadre, ontem a escola passou na minha porta três vezes!

Pronto, estou em uma escola que anda! Que me desculpem Aristóteles, Platão e aquela turma toda que ficava passeando na Grécia antiga, mas nós estamos passeando pelo lado de cá, somos peripatéticos. E aí a gente percebeu o que esse termo representa.

O Sementinha tornou-se uma escola que anda – para crianças matriculadas na educação formal, crianças que nunca pisaram numa escola e crianças que abandonaram a escola. Fazíamos roda em ruas e casas, e quem sentasse na roda tinha de contribuir. Construímos assuntos e temáticas envolvendo o bairro.

Sentávamos numa roda, onde todo mundo se olha nos olhos, em vez de sentar um atrás do outro, em fila, para olhar a nuca um do outro. E numa roda não tem ninguém no centro. Ninguém manda. Ali é o lugar das ideias construídas e consensualizadas coletivamente. São os assuntos e as ideias que fazem a roda girar, não existe um que manda ou que determina. Ela é movida a partir da construção coletiva e do desejo de aprender. E desconstrução é um exercício permanente. Assim, construímos juntos a **pedagogia da roda**.

Na roda se trabalha, se discute tudo e se produzem consensos, mas não se faz eleição. Eleição é democrática, mas é seletiva. E selecionar significa, em geral, excluir ideias e pessoas. E, na educação em roda, não podemos perder ninguém.

Aprendemos isso na prática. Chamávamos os meninos e dizíamos:

– O que vocês gostariam de aprender, de estudar?

E eles:

– Isso, aquilo, aquilo outro.

A lista tinha quinze assuntos! A gente retrucava:

– É muito assunto, vamos fazer uma seleção, escolher três, cinco...

E aí o grupo escolhia os assuntos por votação. No dia seguinte, a pergunta voltava:

– O que nós vamos estudar?

Fazia-se outra seleção. No terceiro ou quarto dia, percebemos:

– Cadê fulano? Cadê beltrano?

– Foram embora!

E eu pensava: se foram embora, perdemos menino. E quem perde menino é escola. Temos que ir atrás e saber por que saíram do projeto.

Os meninos respondiam:

– Lá, eu só perco. Tem uma semana que eu estou querendo discutir uma coisa lá e eu não ganho na votação. Ninguém vota na minha ideia! Eu vim caçar a minha turma!

Eles não conseguiam convencer seus pares de que eles tinham alguma ideia interessante. Percebemos, então, que estávamos caindo na vala, num processo simplista, que é fazer eleição por exclusão.

Aprendemos que, se queremos produzir educação, não podemos excluir. E, para não excluir o indivíduo, não podemos perder a sua ideia. E, para não perder as ideias, não podemos perder os meninos.

Naquele dia, criamos mais um não objetivo: "é proibido fazer eleição". Dali para a frente, teríamos que produzir consensos. Se temos quinze assuntos, vamos estudar os quinze. Temos que organizar as prioridades, da primeira à décima quinta. Quando chegávamos à décima quinta e alguém falava:

– Mas esse assunto está valendo?

– Foi fulano quem propôs.

– Nem lembro.

O educador retrucava:

– Mas eu lembro.

O que a gente estava mostrando para ele era: eu me lembro porque eu estou ligado em você, eu não posso te perder. Então, o nosso exercício era nos conectar aos meninos o tempo todo. E o que aconteceu? Nunca mais perdemos meninos e eles melhoraram a qualidade das suas proposições.

Educação não permite perder ninguém.

Sabão?

Enfim, cada um o que quer aprova, o senhor sabe: pão ou pães, é questão de opiniães...

João Guimarães Rosa, Grande sertão: veredas

Em 1984, fui trabalhar em Curvelo a convite do Raimundo Matoso e da Doralice Mota. Ele era vice-prefeito e ela atuava na prefeitura, antes de se somar ao projeto do CPCD. Não existia Secretaria de Educação, mas um departamento, do qual fui diretor. Sob a responsabilidade desse departamento, havia trinta e poucas escolas rurais, aquelas escolas da roça, do tipo quatro séries na mesma turma, além de escolinhas pequenininhas e só uma na periferia da cidade.

Um dia, chamei todos os professores da rede municipal de Curvelo e pedi:

– Escrevam o projeto educacional de vocês.

– Já está pronto. Pode ler, estamos cumprindo o programa conforme combinado.

– Mas eu estou chegando agora, ainda não combinei nada!

Então, me disseram:

– É que aqui não adianta combinar nada, porque não dá para trabalhar.

– Aqui, falta tudo: material de limpeza, água, comida, energia, porta, janela... tudo.

– Eu trabalho com educação debaixo do pé de manga e não preciso de nada disso. Se vocês acreditam que isso é o fundamental para um projeto educacional, a conversa não vai andar.

A reunião deu aquela brochada total e a dona Margarida, professora de uma das escolas, disse:

– Tião, você não vai nos ajudar em nada com esses materiais?

– Não sou dono de supermercado, nem almoxarife, nem tenho dinheiro no banco. Eu faço educação, e para mim o problema e a solução são de outra natureza.

– Para mim, isso tudo faz falta mesmo! Mas eu sei fazer metade dessas coisas da lista. Sabão e detergente então!

– A senhora sabe fazer tudo isso como, dona Margarida?

– Você não sabe fazer sabão? Todo mundo sabe! Um cara que estudou até na universidade não sabe fazer sabão?

– Então, se a senhora sabe, por que não faz?

– Uai, nunca soube que podia! Pode?

– Pode! Liberou geral!

Passados dez dias, chegou a dona Margarida com o sabão:

– Juntei meus meninos, peguei o sebo, a cinza, o tacho, e fizemos essa beleza de sabão. Metade deixei na escola e a outra metade para os meninos. Agora, virou uma confusão, Tião! Todo mundo quer fazer sabão. Os pais estão dizendo que, finalmente, uma coisa útil foi ensinada aqui na escola!

Depois disso, quando ouço uma queixa de todo e qualquer desinteresse numa escola, vou logo perguntando:

– Professora, a senhora sabe por que os pais estão desinteressados e não vão à escola? Porque já sabem da pauta da conversa. Eles vão escutar reclamação dos meninos, a prosa é ruim...

– E o que eu faço com eles?

– Sabão.

– Pode?

– Pode!

E aí a palavra "pode" tornou-se uma marca fundamental para nós. É parte da nossa lógica. Os americanos chamam de *"empowerment"*, os intelectuais chamam de "empoderamento comunitário". Lá no sertão de Minas, chamamos de "empodimento".

– Quer dizer que "nós pode"?

– "Nós pode"!

A concordância a gente resolve depois. O principal é todo mundo entender o que é. Não é poder apenas conceitualmente, mas poder fazer de fato. Se existe a potência para fazer, se faz.

Aí, dona Margarida pegou o espírito:

– Vou fazer com os pais.

Passado um tempo, ela disse:

– Tião, juntei a comunidade toda!

Três meses depois, eles faziam uns dez tipos de sabão, usando todo tipo de coisas. Tinha de tudo na escola: tecnologia de baixo custo, soluções simples, caseiras, gente junta trabalhando e fazendo. Nós nunca mais paramos de aprender.

Resolvi ir lá também, dando corda à dona Margarida. Todo mundo fazendo sabão, e eu, como antropólogo, fiquei de longe, ainda meio viciado, e passei meia hora só olhando. Mas não resisti, dei férias para a antropologia e disse que queria aprender.

Quando comecei a mexer o tacho, alguém disse:

– Tá errado! Você não observou como faz? Ficou ali e não prestou atenção! Desse jeito, não vai dar ponto! Tem que mexer para o mesmo lado que começou, entendeu?!

– Não sabia que aqui tem segredo.

– Não! Tem ciência!, retrucou alguém.

Quando o braço começou a pesar, pedi a uma senhora mais nova que assumisse meu lugar.

– Hoje não posso mexer, estou "naqueles dias"!

Eu não sabia que mulher menstruada não pode fazer sabão! Nem bolo, pois não dá ponto. Concluí:

– Nisso aqui então tem ciência!

– Não, bobo, tem segredo!

E riram até.

Assim, construímos a pedagogia do sabão, juntando ciências e segredos!

Quando as pessoas me falam que não sabem fazer nada, respondo com a maior convicção: então, vai fazer sabão!

O encantamento dos livros

Vi sempre que toda ação principia mesmo é com uma palavra pensada. Palavra pegante, dada ou guardada, que vai rompendo rumo.

João Guimarães Rosa, Grande sertão: veredas

O Sementinha já tinha passado a fase de turbulência e estava bem incorporado à vida da comunidade. Os pais aceitavam e participavam do projeto, se envolviam nele. Percebemos que era hora de avançar.

Uma das questões era a entrada do livro nessa escola e a pergunta que me fiz naquele momento foi: os livros perderam o encantamento ou a escola não soube mantê-los encantados?

O que a gente ouvia era que a meninada não gostava de ler, não lia, não frequentava a biblioteca e que a maioria das escolas simplesmente a transformava em um depósito de livros. Resolvi fazer uma experiência.

Primeiro em uma e, depois, em várias praças de Curvelo.

No meio da praça, a gente botava um montão de livros de histórias infantis, revistas, material para leitura, e cercava o lugar com uma corda. Nos quatro cantos da praça, colocávamos um monte de sucata, que era exatamente o material que já usávamos no Sementinha, com placas indicativas: "Música", "Teatro", "Artes Plásticas" e "Literatura". Os meninos chegavam e ficavam do lado de fora da corda de isolamento, olhando aquilo e perguntando:

– O que é isso?

– É livro!

– Você sabe ler?

– Sei não!

– Sei!

– Se sabe ler, pode entrar e pegar o livro que quiser. Se não sabe, nós vamos ler para você. Mas tem uma coisa: na hora de sair, vocês têm que passar por um dos quatro cantos. Eles são as portas de saída. Para você passar naquele canto ali, você tem que transformar em música tudo o que você leu usando aquele material. Se você vier para o lado de cá, literatura, tem que fazer outro texto, escrever uma história. Se for para outro, fazer um teatro. Para outro ainda, tem que fazer uma pintura, um desenho, uma colagem.

A porta de saída era o ponto do doce. Tudo era brinquedo. Os meninos iam e voltavam, achando um barato, e os educadores ficavam provocando, fora e no centro da praça. As crianças liam e queriam fazer música.

– Cadê o instrumento?

– Não tem, mas lá tem caixote, papel, lata.

– Quer escrever poesia?

– Mas cadê o lápis?

– Deve estar lá, mas você vai escrever com o material que encontrar: caco de telha, de tijolo, papel...

A gente ficava observando o grau de interesse das crianças. Elas começavam a procurar, a perguntar, a ler umas para as outras, a pedir para levar para casa, e aquilo foi gerando um movimento muito grande.

Pegar, ver as figuras, segurar, apalpar, manusear o livro era fundamental. Ter a liberdade de fazer o que você quisesse com o que leu era outra chave. E começaram a acontecer alguns fatos.

Um dia, a diretora de uma escola apareceu e me perguntou:

– O que é isso?

Eu expliquei para ela.

– Aquele menino que está ali no meio é aluno da minha escola. Você sabe que ele mora a duas léguas daqui? É muito longe!

– Ele vem todo dia. Toda tarde, ele está aqui.

– Como é que esse menino vem para cá, anda isso tudo, e eu nunca vi ele entrando na biblioteca da escola?

E eu pensei com os meus botões: ele não entra porque sua biblioteca não tem nada atrativo. Isso, para nós, foi um ponto de reflexão: como o lúdico pode transformar a obrigação em pura alegria? Como ler pode ser sinônimo de prazer ou de enfado?

Falo por mim. Eu nunca li Machado de Assis. Tenho um bloqueio, porque, no dia em que eu ia ler, a professora disse:

– Você tem que ler Machado de Assis para aprender quem são os parnasianos. Tem que fazer um resumo, classificar a obra, falar do autor. E porque vai cair na prova!

E aí a emoção se perdia, o suspense, o devaneio, a poesia... A história deixava de ser essencial.

E, naquela praça, era isso que eu queria proporcionar aos meninos: uma experiência lúdica, o prazer de encontrar uma boa história.

Isso, de segunda a sexta. No sábado, a gente dava uma volta na praça com os produtos elaborados durante a semana. Então, quem fez teatro saía com as roupas do personagem e declamando. Quem fez música saía tocando e cantando. Quem fez desenho saía fazendo exposição. E batizamos esse dia de "Dia da criação":

— Vamos brincar de Deus, que trabalhou sete dias e, no último dia, descansou, viu sua obra, gostou e foi dar uma volta por aí?

A gente brincava e conseguia responder àquela pergunta do comecinho do texto: os livros continuam encantados, mas a escola não soube manter seu encanto. Então, era essencial e urgente criar experiências para (re)construir esse encantamento.

Percorremos um longo caminho multiplicando essas experiências e, muitas estações depois, fomos parar em Virgem da Lapa, pequena cidade de 16 mil habitantes plantada no Vale do Jequitinhonha.

Fomos trabalhar lá para tirar as crianças do analfabetismo funcional, mesmo depois de passar quatro ou até oito anos na escola. Preparamos uma estratégia que incluía montar uma biblioteca que de fato funcionasse e apostamos que poderíamos reduzir e zerar o analfabetismo daquela molecada.

Em 2008, inauguramos a biblioteca com nome e tudo: Cidade Educativa. Estavam lá o padre, o prefeito, as autoridades. Era uma festa para juntar as pessoas em torno dessa causa. Esse era o ponto do doce.

No meio da festa, eu disse:

— Não existe no Brasil nenhuma biblioteca que funcione 24 horas. Tem banco, hospital, cadeia, botequim 24 horas, mas não tem uma biblioteca! Por que uma biblioteca tem que fechar? E se as pessoas quiserem ler de madrugada? Quem é sonâmbulo, quem tem insônia, quem quer passar a noite acordado... Quem sabe essa?

O prefeito ficou incomodado:

— Você está nos provocando!

Então, alguém perguntou quantas fichas havia na biblioteca até então. Centro e quatro pessoas, responderam.

O prefeito pegou o microfone:

– Quantos gols o Romário fez?

– Mil.

– O dia que tiver mil pessoas inscritas na biblioteca, vou dar uma festa!

Imagina, o prefeito prometendo uma festa no dia que tivesse mil pessoas cadastradas na biblioteca!

Pedi o microfone:

– O prefeito está prometendo uma festa quando houver mil inscritos. E no dia que tiver dois mil eu dou outra! Quem sabe, um dia, nesta cidade, teremos mais leitor do que eleitor! Truco!

Ele olhou para mim, rimos um bocadinho, acabou o assunto e fui embora para casa. Seis meses depois, recebi um telefonema.

– Tião, temos 1.038 pessoas inscritas como usuários leitores na biblioteca!

– Ótimo! Vai lá no prefeito e cobra a festa!

Mas tinha mais uma novidade: uma menina de 9 anos, chamada Jéssica, leu 210 livros em seis meses. Aí, tudo mudou de figura, o papo era outro, estávamos falando de campeonato mundial de leitura de livros.

Essa menina deu para nós todo o sentido que a gente queria. Colocamos lá a foto da Jéssica e, ao lado dela, os que começaram a ser concorrentes dela. Embaixo das fotos, um negócio chamado "livrômetro", que contava o número de livros que eles tinham lido.

Ela começou a ganhar livros de tudo quanto era lado. Os meninos começaram a ler muito, tivemos que criar uma comissão de pessoas para verificar se as crianças estavam lendo mesmo. Menino que nunca tinha entrado numa biblioteca já tinha lido quarenta livros no ano. Começamos a pensar nos livros que esses meninos precisavam ler.

Na minha cabeça segue acesa a ideia: uma biblioteca tem que funcionar 24 horas, como uma causa, uma bandeira! Porque montar biblioteca é bobagem, é comprar um monte de livros, bater um monte de carimbo neles, colocar lá e deixar. Toda escola tem uma dessas. Por que as pessoas não entram? Porque acham que têm que entrar na biblioteca só para fazer pesquisa, fazer anatomia de autor, cumprir uma obrigação chata.

A questão da leitura é muito mais ampla do que a lógica da biblioteca, muito mais rica, divertida, diversificada. A gente tem que ler não é por hábito, mas por prazer. Hábito é escovar os dentes. Você não tem que ter hábito de ler, tem que ter gosto de ler.

Educação pelo brinquedo

Tinham me dado em mão o brinquedo do mundo.

João Guimarães Rosa, Grande sertão: veredas

Em um processo de desdobramento que não parava, o experimento do livro na praça puxou outra pergunta: as crianças podem aprender tudo aquilo de que precisam, no seu tempo, no seu ritmo, brincando de forma alegre e prazerosa? Ou a escola tem que ser o serviço militar obrigatório aos 7 anos? Agora passou para 6 anos!

Diante dessa pergunta, percebemos que precisávamos ser mais permanentes na vida de meninos para poder acompanhar seus processos de aprendizagem e entender como eles se faziam.

Com essa ideia na cabeça, apareceu na minha frente, como se tivesse acabado de nascer, a Barraquinha de São Geraldo: um espaço no fundo da igreja, fantástico, disponível, ocioso, ocupado apenas em agosto, na festa do santo padroeiro de Curvelo. Havia um galpão grande, um lugar para fazer comida, um campo de futebol, uma área enorme. Pensei: "preciso levar os meninos para esse galpão. Vamos nos fixar aqui".

Era uma boa causa, tínhamos uma boa prosa, e conseguimos convencer o padre dessa paróquia. Ele permitiu que ficássemos ali temporariamente, desde que liberássemos o espaço na época da festa.

Ficamos lá por vinte e sete anos!

A ideia era a seguinte: era preciso um compromisso. Os meninos não podiam vir e ir quando quisessem, tinham que ir lá todos os dias: uma turma pela manhã, para quem estudava à tarde, e outra à tarde, para quem estudava de manhã.

Fizemos uma convocatória: os meninos que moravam em bairros muito distantes falaram que não tinham jeito de frequentar esse lugar, mas, de cara, reunimos 120 crianças!

Na primeira roda, para explicar para o que era aquilo, sentamos no chão: 120 meninos e lá no meio deles – eu!

– Meninada, vocês topam aprender tudo o que vocês querem, precisam e necessitam brincando? Esse vai ser um lugar para a gente aprender, mas brincando. Aqui, não tem nada de dever, de prova; aqui é lugar só para brincar: brincar para aprender. Vocês topam?

Claro que todo mundo disse que topava. Então, um garoto levantou a pergunta:

– Moço, onde estão os brinquedos pra gente brincar?

– Não tenho.

– Como é que a gente brinca sem brinquedo?

– Essa é a questão! Vamos fazer uma aposta? No dia em que nós não conseguirmos mais inventar os próprios brinquedos, eu começo a comprá-los. Topam? O que acham?

Eles toparam!

Refaço essa aposta há quase quarenta anos. E eu não faço aposta para perder. Sou besta, mas não bobo. Não precisa comprar brinquedo para menino. Eles sabem construir, no seu tempo e ritmo, todos os brinquedos de que eles precisam para responder suas inquietudes, curiosidades, para brincar e se desenvolver.

E, sem nenhum discurso ambientalista, fomos atrás dos materiais para nossas invenções: o resto, o lixo, aquilo que não serve para os outros, mas serve para nós que queremos brincar de aprender. Assim começou a experiência que resultou no projeto Ser Criança: Educação pelo Brinquedo.

– Vamos ver se esses meninos vão aparecer amanhã!

– O que a gente vai fazer com eles?

– Uma roda, ora!

– Mas o que a gente vai fazer na roda?

– Conversar sobre o que vamos construir! Quem sabe fazer, quem inventa, quem ensina, que material vamos precisar, do que vamos brincar.

O desafio do novo, do nunca havido.

Todo mundo tinha que trazer pelo menos uma caixa de papelão. As crianças iam trazendo e a gente ia juntando. Íamos pegando tudo o que encontrávamos pelo caminho e juntando na Barraquinha.

Foi um processo que começou do zero e, à medida que os meninos iam se tornando assíduos, iam trazendo outros materiais e outras demandas.

– Já que a gente fica aqui muito tempo, a gente pensou que também podia produzir comida.

– É só descer o barranco, invadir aquela área abandonada lá depois da Barraquinha e plantar.

– Vai ser legal, mas como é que a gente faz isso brincando?

Porque o objetivo era brincar, e não trabalhar. E aí há que ter outro olhar. Passamos a levar os meninos para a parte baixa da Barraquinha e espiar aquele terreno que vivia alagado na época de chuva, coberto por um mato danado.

Primeiro, era preciso limpar, para depois plantar. E fazer tudo brincando. Cada um trazia sua muda. Teve um grupo que resolveu plantar tudo junto: abóbora, couve, alface. Botar tudo um em cima do outro, num monte de terra. Nasceu um monte de coisa, mas não deu nada. O menino concluiu:

– Meu pai falou que estava errado.

– Então, traz seu pai para ensinar, ora bolas!

– Tem que jogar pesticida para matar as pragas, meu tio disse.

– Mas aqui não entra agrotóxico, aqui é lugar de brincar e, brincando, começar a produzir.

Então, começou outra discussão na roda: como é que vamos produzir? A meninada começou a buscar informação em casa, nos livros, nas comunidades. Começamos a experimentar. Na época, a gente não sabia nada de permacultura.

Plantávamos em canteiros regulares, não conhecíamos a horta mandala. A meninada ia observar o crescimento das plantas. A gente produziu um canteiro inteiro de alface e se perguntava:

– O que vamos fazer com isso agora?

– Comer.

– Como é que se come alface?

– Eu não gosto de alface!, disse um.

– Ninguém aqui come alface!, completou outro.

– A gente não gosta, ninguém come verdura! A gente come feijão, arroz, carne e farinha.

Então, arranjamos um latão, recuperamos, fizemos um forno e resolvemos fazer uma cozinha experimental. Tudo o que os meninos colhiam levavam para lá para inventar. Picolé de alface, bolo de alface, qualquer coisa. Os meninos misturavam e comiam. Experimentavam.

As receitas eram aprovadas quando todo mundo provava e achava bom. Aí elas entravam no nosso cardápio, viravam prato da nossa mesa.

Percebemos que podíamos produzir um monte de receitas. Lá tinha um bananal, plantamos acerola, verduras, milho... um bocado de coisas. Aquele espaço nos trouxe possibilidades de brincar, produzir, discutir comida com veneno, sem veneno, repartir. A cozinha experimental era lugar de inventar e começou a atrair a comunidade: gente que ia para lá ensinar a fazer as comidas, gente que ia para aprender. A comunidade começou a participar dos experimentos da cozinha e da manutenção do espaço, das rodas, de tudo.

Na sequência surgiu a compostagem e o minhocário. O primeiro minhocário foi um fracasso porque a criançada ia para lá brincar com as minhocas. Resultado: fugiram todas, porque elas gostam de lugares escuros e silenciosos. Depois, este minhocário chegou a produzir uma tonelada de húmus, que alimentou por muitos anos uma horta espetacular, em quantidade, qualidade e beleza.

O projeto tornou-se diário, e os meninos foram divididos em grupos, de 6 a 14 anos, que se organizavam por faixa etária e se juntavam de acordo com as programações coletivas.

– Vamos fazer um festival de pipas?

– Vamos!

– Eu acho difícil!

Então, formava-se a roda para que as ideias virassem ação. Era preciso estabelecer normas, categorias (a maior e a menor pipa, a mais criativa, a mais bonita, a de maior rabiola, a que desse mais piruetas). Todo mundo participava da elaboração das regras. Faziam uma festa. As ideias iam do grupão para os grupos menores e voltavam para o grupão para a decisão final.

A roda girava e tudo se aprendia e tudo se fazia e tudo era uma grande e contínua brincadeira!

Jogos de aprender

Conto ao senhor é o que eu sei e o senhor não sabe; mas principal, quero contar o que eu não sei se sei, e pode ser que o senhor saiba.

João Guimarães Rosa, Grande sertão: veredas

Os meninos que participavam do Ser Criança estudavam na escola pública. No primeiro ano, todo mundo do projeto levou bomba na escola. Todos. Não passou um. Eu achei ótimo, mas a comunidade não gostou. Mães e pais me procuraram:

– Queremos uma reunião! Os meninos levaram bomba na escola.

– Pois é, engraçado! Aqui, passaram todos com louvor.

– Eles adoram ficar aqui! Aliás, se deixar, eles moram aqui.

– Só não moram porque a gente não tem lugar para acomodar. Se os senhores quiserem, um dia vamos arranjar umas camas para quem quiser morar aqui e tal, porque, comer, já comem.

– Sem brincadeira, Tião, nós fomos chamados lá na escola e a diretora falou que a culpa deles levarem bomba lá é o projeto aqui.

– Por quê?

– Porque ela disse que aqui tem liberdade demais.

– Será que não é lá que tem liberdade de menos?

– É, pode ser, mas a diretora falou que vocês tinham que fazer aqui o dever escolar.

– Dever é lá; aqui é o prazer de aprender.

– Mas ela disse que vocês podiam fazer o reforço escolar.

– Eu? Reforçar uma escola que dá bomba em menino? É nunca! Eu quero é dar bomba nessa escola. Olha, gente, eu gosto muito de conversar com vocês, mas vocês vieram fazer a reunião com a pessoa errada, no lugar errado. O problema é lá!

– Nós sabemos, mas lá eles não conversam, lá a gente não tem espaço.

– Quer dizer que vocês não aguentam o tranco lá e vêm discutir comigo, querendo que a gente mude?

– É!

Aí um pai me deu um truco:

– Tião, esse projeto dá diploma?

– Não, o diploma é lá, aqui é aprendizado.

– Mas meu filho precisa dos dois.

Pensei: se ele tiver de escolher, ele vai escolher lá, porque se criou uma lógica que faz as pessoas acreditarem que, tendo um diploma, vão conseguir ser alguém na vida. Essa é a lógica mercantilista (o diploma vale mais que o portfólio). E, então, percebi que nós tínhamos que mudar se quiséssemos trabalhar com aquelas crianças e jovens.

Chamei a equipe:

– Olha, nós vamos ter que dar um passo atrás. Como é que a gente faz para que, sem parar de brincar e de construir brinquedos, sem repetir a escola, os meninos aprendam aqui o que não aprenderam lá?

O que mudou? Tudo, porque mudou o nosso olhar sobre as crianças. Antes as olhávamos no atacado e, agora, passamos a olhá-las no varejo, uma por uma. Cada um e cada uma no seu tempo e no seu ritmo.

Na escola, em geral, os alunos são colocados em uma planilha, que uniformiza e nivela todos. As diferenças entre eles são abolidas ou consideradas déficits de aprendizagem. Todo mundo tem que aprender a mesma coisa, ao mesmo tempo, no mesmo ritmo. Aí tem déficit de não sei o quê, jogam os meninos para cá, jogam para lá. Alguns vão ficando, outros vão saindo, outros vão se perdendo.

A escola vai empurrando para fora, terceirizando o fracasso das crianças, porque o que ela quer mesmo é manter o padrão, a tábua rasa. O objetivo da escola é atender ao sistema que a criou e a mantém, não aos meninos e suas aprendizagens. Eles que se danem. Aliás, por essa lógica seletiva e excludente, criança na escola só dá trabalho. "A escola sem menino é uma maravilha, funciona tudo!", ouvi certa vez.

A gente precisava olhar um por um. Aprender o tempo e o ritmo de cada um. Diferenciar piscadelas de piscadelas. E, mais uma vez, foram as crianças que nos ensinaram.

Um dos meninos do projeto Ser Criança, o Deniston, de 11 anos, estava havia cinco anos no primeiro ano. Todo ano ele repetia. Eu dizia a ele:

– Deniston, você tem que ganhar uma medalha, você é repetente, resistente, paciente, sobrevivente.

Ele não passava de série porque não sabia fazer as quatro operações. No entanto, ele jogava dama bem demais, ganhava de todo mundo. Eu pensava que matemática e aritmética fossem a mesma coisa. Não são. Ele era bom de lógica, de matemática, mas não era bom de cálculo.

Um dia, peguei um tabuleiro de damas e, nas casinhas brancas e pretas, coloquei números de forma aleatória e criei uma regra:

– Deniston, é o seguinte: você só vai comer uma pecinha se fizer uma conta. Se não fizer, o outro faz a conta na sua frente e ganha, tá?

Não me perguntem o que aconteceu porque não sei, só sei que, num instantinho, ele fazia 3 x 5 é 15, 15 + tanto é tanto, dama! Eu pensei: "opa, o Deniston aprendeu a resolver os problemas dele!".

Mas meu jogo era limitado, porque ele era muito bom para somar, para diminuir e para multiplicar. Para dividir, não dá, né? Divide 3 por 17 de cabeça, para você ver. Ninguém merece! Aí, só na maquininha. Então, íamos precisar de mais jogos e brinquedos para completar a aprendizagem. E foi o que fizemos. Começamos a construir a partir das crianças e com elas.

Um dia, a professora do Rafinha, da mesma escola do Deniston, falou:

– Cadê o dever, Rafael?

Ele mostrou.

– Quem fez para você?

– Fui eu.

– Mas você não sabe! Quem fez pra você? De quem você copiou?

– De ninguém, eu fiz sozinho! Fiz com um joguinho que nós inventamos – confessou o Rafinha.

– Eu só acredito vendo!

Aí, ele veio me procurar:

– Tião, a professora falou que só vai dar a nota se eu mostrar para ela como fiz.

– E como você fez?

– Com aquele joguinho que a gente inventou.

– Então leva o jogo e mostra pra ela.

Na hora que a professora viu, não perdeu tempo:

– Como é que se joga esse negócio, esse joguinho?

– Assim, professora!

E mostrou.

– Não é fácil?

– Você podia deixar esse joguinho aqui, para ensinar para os outros que também não sabem?

Foi quase um acontecimento. Pela primeira vez, a professora quis aprender alguma coisa com um aluno seu.

Ele voltou e disse:

– A professora pediu para deixar o jogo. Pode?

– Claro! Pode, sim.

Passados uns dias, volta o Rafinha:

– A professora mandou perguntar se não tem mais.

– Tem, Rafinha, tem. Leva tudo!

Ele pegou uma sacola, um embornal, colocou vários jogos e levou. Eu pensei: esse menino vai abrir a porta da escola. A gente estava entrando pela porta dos fundos, ele vai abrir é a porta da frente!

Uma semana depois, chega a professora para devolver o embornalzinho:

– Olha, eu vim devolver e agradecer. Foi muito bom! Tem mais?

– O que mais tem aqui é jogo, é brinquedo, professora! Isto aqui virou uma jogatina, parece até um cassino!

– Lá na escola tenho um monte de dificuldades para ensinar e os alunos para aprender. Tantos problemas!

– Então traz todo mundo pra cá, os professores e os problemas, porque aqui descobrimos algumas soluções. Podemos aprender juntos. Topa?

Eu não podia perder essa chance. Fizemos uma oficina com os meninos e os professores e professoras e, em três dias, criamos 196 jogos – 196! Começamos a jogar e a discutir com os professores, que falavam:

– Engraçado, eu não sabia que podia brincar com os meus alunos na hora da aula, achei que eles só tinham a hora do recreio para brincar.

– É o contrário! Você tem que brincar na hora da aula. A hora do recreio é para descansar. O recreio são só vinte minutos: dez para comer e dez para brincar. Por isso, os meninos voltam pra sala e querem derrubar tudo, eles não aguentam, você não deu tempo pra eles.

– Ah, eu não sabia, não percebia!

Um dia, numa roda de jogos, uma amiga me disse:

– Tião, isso aí é uma tecnologia educacional?

– Eu não sei o que é isso?

– É um negócio que você aplica uma, duas, dez vezes. Funcionou? Você bate um carimbo: "tecnologia".

– Pois, então, vamos jogar isso na rede pública toda!

Os jogos foram testados e avaliados um por um pela rede pública de Curvelo. Tem jogo que foi jogado mais de seis mil vezes;

outros, trezentas; outros, quinhentas, três mil vezes. Aqueles que tiveram mais de 70 por cento de aprovação foram organizados como tecnologia social. Assim nasceu o Bornal de jogos.

Depois, fizemos várias seletivas, e eu percebi que tínhamos descoberto, junto com eles, jeitos de aprender. Isso nunca mais parou!

Assim, nesses anos todos, já criamos mais de 2 mil jogos, dos quais uns 230 foram reconhecidos como tecnologias educacionais, testados, avaliados e aprovados[2].

A revista *Nova Escola,* número 120, saiu com cinco desses jogos e, antes de ela chegar às minhas mãos, comecei a receber cartas do Brasil inteiro com a mesma pergunta: adorei, tem mais?

A cada ação, a cada história que eu contava, era uma pergunta, uma resposta, mais perguntas, e a sistematização desse aprendizado.

Mas o fundamental dessa experiência é que a gente percebeu que as crianças adoram aprender. Elas só não querem estudar, porque estudar ficou chato, porque muitas escolas fizeram do aprendizado uma chatice. E não precisa ser assim: a escola pode ser alegre, prazerosa, gostosa. A lógica de que as crianças têm que sofrer para aprender é coisa de Santo Agostinho. Como não sou agostiniano, não tenho nada com isso, não quero sofrer para aprender.

E pergunto: será que, um dia, nós vamos ter uma escola tão boa, mas tão boa, que os professores e professoras, alunos e alunas e funcionários e funcionárias vão querer ter aulas aos sábados, domingos e feriados?

Esse é um padrão de *excelência.* Eu estou em busca desse padrão. Quem sabe um dia?

---

2 O "Bornal de jogos: brincando também se ensina" é uma tecnologia social certificada em 2005 pela Fundação Banco do Brasil.

Perseguindo o acontecido

*Agora, eu, eu sei como tudo é: as coisas acontecem,
é porque já estavam ficadas prontas.*

João Guimarães Rosa, Grande sertão: veredas

O Ser Criança se estabeleceu, ganhou forma. Todo mundo participava da roda grande, onde se cantava, dançava, falava, resolviam-se questões. Depois, cada grupo ia para o seu canto. Os meninos carregavam um banquinho de ferro pra tudo quanto é lado.

Os grupos trabalhavam seus temas, mas tinham que fazer a limpeza dos espaços, ajudar na cozinha experimental, cuidar da horta e das áreas dos jogos e brinquedos.

Criou-se uma dinâmica ativa e o número de crianças foi aumentando. Chegamos a ter duzentos e tantos meninos. Eles entravam no início ou no meio do ano e não mais na hora que quisessem. A gente tinha que formar e manter um time que pudesse caminhar.

Havia uma lista de espera e crianças que vinham por indicação da promotoria ou de médicos. Combinamos que os meninos encaminhados pela APAE iam entrar lá em igualdade com os outros, sem carimbo na testa. Iam seguir o nosso jeito.

As assistentes sociais ou os médicos que iam ao Ser Criança percebiam que as crianças eram tratadas de forma normal e se comportavam de forma natural com os outros. Brincavam, brigavam, discutiam, e tudo era levado para ser conversado na roda, porque lá não tinha castigo, não tinha sino, não tinha relógio na parede, nem hora para bater o sinal. A coisa fluía. Era algo caótico quando você via a meninada correndo de um lado para o outro e de repente estava tudo quieto, os meninos fazendo as coisas que tinham planejado. A comunidade ajudando.

Num dado momento, percebemos que tínhamos estrutura e podíamos ter mais do que uma cozinha experimental, uma que produzisse a alimentação das crianças e dos educadores.

Arranjamos uma cozinheira, a dona Geralda. Ela trabalhava com as crianças da manhã e da tarde. As da manhã faziam o café e o almoço com ela e as da tarde ajudavam na limpeza e preparavam lanche. Elas participavam da elaboração de tudo, junto com ela. Ela era fantástica! Fazia todo tipo de farofa, aproveitava tudo, e a gente começou a discutir as questões de alimentação.

Os recursos começaram a chegar e a gente comprava um boi inteirinho, que era congelado e durava três meses para ser consumido. À medida que a horta começou a crescer, aquele boi passou a durar mais tempo, até cinco meses. Percebemos que não havia necessidade de comprar um boi, porque o consumo de carne diminuiu drasticamente. Estávamos nos tornando quase vegetarianos por causa da cozinha experimental. Experimentava-se tudo. Todo dia tinha feijoada com onze tipos de verduras e legumes.

A essa altura, havia duas pessoas trabalhando na horta, para produzir o suficiente, atender e trabalhar com a criançada, que participava do aproveitamento integral dos alimentos. As cascas, por exemplo, eram destinadas ao minhocário, que chegou a produzir uma tonelada de húmus! Aquela terra ficou com uma qualidade extraordinária. Produzia de tudo.

Uma vez, recebemos a visita de um médico, conhecido nosso, que se sentou com os meninos e disse que prato bom é o que é colorido. Quanto mais colorido, melhor.

Então, a brincadeira era ver quem fazia a comida mais colorida. A nossa alimentação foi se tornando cada vez mais sofisticada. E, brincando, estávamos resolvendo o problema da nutrição, da qualidade de vida.

Mas havia outros desafios.

Nas primeiras vezes que servimos o almoço, experimentamos colocar as panelas em cima da mesa. Os meninos voavam em cima daquilo como se tudo fosse desaparecer num instante.

Mais uma roda se formou:

– Tem que fazer fila, como em toda escola.

– Mas aqui não pode ter fila.

– Mas, então, faz como?

– Põe um educador para servir.

– Melhor cada um se servir.

– Mas quase ninguém sabe se servir.

– Se não sabe, aprende.

Um enchia o prato e, como não dava conta de comer tudo, sobrava um monte de comida. Outro não conseguia se servir e começava a chorar. E tome roda para discutir isso tudo.

Certa ocasião, um grupo de crianças nossas foi dar uma oficina de jogos para o coral jovem do Palácio das Artes, centro de formação, produção e difusão cultural de Minas Gerais. Como ficaram cinco dias em Belo Horizonte, além de dormir num hotel pela primeira vez, comiam num restaurante. Um dia, fui almoçar com eles e reparei que uma menina não tocava na carne, quase não comia.

Perguntei, preocupado:

– Ela está doente?

– Não, tem dificuldade porque não sabe comer com garfo e faca. Ela só come com colher.

– Como assim?

– Ah, quase nenhum deles usa garfo e faca em casa, e lá no projeto, a gente só come com colher.

– Não acredito! E como os meninos conseguem cortar carne com colher?

Fiquei bravo. Como é que a gente faz tudo o que faz e os meninos só sabem comer de colher?

– Nunca mais quero ver uma criança comendo de colher no projeto.

– Tião, mas é perigoso!

– Viver é perigoso!

Foi uma virada de mesa danada. Era uma meninada aprendendo a comer de garfo e faca. Pedaços de carne escapando pelas bordas dos pratos, comida se perdendo entre o garfo e a boca, até que, orgulhosamente, conseguiram dominar aqueles instrumentos, feito brinquedo.

Mas isso não aconteceu por mágica, foi um processo.

Chegamos juntos à conclusão de que o melhor era colocar a comida sobre as longas mesas. Então, eles aprenderam que podiam se servir com calma, de uma comida gostosa, bonita, bem arrumada em travessas; que a comida não ia fugir e, se algo faltasse, era só buscar na cozinha. Só não se podia desperdiçar, porque comida é fundamental para todos.

Aquilo virou referencial. Se a gente queria ganhar algum patrocinador, levava ao projeto na hora do almoço: era um *show!*

Hoje, em todos os nossos projetos, comer é sempre um ritual. Todos sentados juntos, proseando, ao redor da mesa, onde, mais do que a comida gostosa, o afeto e a delicadeza são saboreados e repartidos. Com garfo e faca.

Criadores de formas

Só eu que sou capaz de fazer e acontecer.
Sendo porque fui eu só que nasci para tanto.

JOÃO GUIMARÃES ROSA, GRANDE SERTÃO: VEREDAS

Nós tínhamos descoberto um jeito de aprender e começamos a avançar ainda mais no Ser Criança, que se tornou um laboratório de aprendizagem e uma incubadora de soluções educativas extraordinárias.

Quando os meninos que estavam lá chegavam aos 13, 14, 15 anos, davam-se conta de que o tempo do brinquedo estava acabando. Eles gostavam muito do Ser Criança. Achavam bom! Encontravam amigos, jogavam bola, mas agora tinham outros interesses e motivações, e começamos, juntos, a fazer perguntas.

As coisas que faziam na cozinha experimental, como doces, picolés, sorvete, pão, podiam-se vender na feira? Isso pode ser gerador de renda ou temos que abrir espaço para desenvolver outras formas de trabalho? A discussão com os meninos foi nesse sentido e gerava mais e mais perguntas.

Uma adolescente, chamada Regina, tem uma história que foi referencial para a gente. De repente, me contaram que ela tinha saído do projeto.

– Ela saiu porque precisa trabalhar para ajudar a mãe. Ela foi contratada para ser babá.

Nessa casa, ela ganhava uns 10 reais por mês, nos valores de hoje. Ela ficava lá o dia inteiro, até a hora de ir para a escola. O bebê era um menino forte e gordo, e ela, magrinha, fininha. Não aguentei:

– Podem chamar ela de volta, que eu pago para ela continuar no projeto.

Quando isso aconteceu, percebemos que várias meninas estavam saindo pelo mesmo motivo: levar dinheiro para casa. Uma delas era Roberta, filha mais velha de uma prostituta profissional, que tinha vários filhos. Roberta tinha se tornado uma adolescente muito bonita. Morava com a mãe e a mãe recebia em casa seus clientes e os clientes começaram a ficar de olho na filha. Eu fui atrás da mãe e ela foi muito clara comigo:

– Tião, essa é minha vida, é minha profissão. Arranjei os filhos sem querer, mas sempre tive muito carinho por eles. Trabalho para cuidar deles, você sabe disso! Se tivesse um jeito dessa menina ganhar dinheiro para me ajudar, eu não ia querer nunca que ela seguisse a minha profissão.

Foi uma das coisas mais bonitas que já ouvi. A Roberta precisava ganhar dinheiro e não podia sair do projeto, e nem seguir o ofício da mãe. O desafio estava posto. Começamos a prestar atenção no que a Roberta gostava de fazer. Ela adorava fazer bonecas, tinha uma habilidade danada para costurar. Pronto, ela ia ser nossa bonequeira.

Chamei a Roberta para uma conversa "séria" e fiz um contrato:

– Roberta, é o seguinte: quantas bonecas você faz por dia?

– Acho que umas dez.

– Eu compro todas. Quanto custa?

– Custa um real.

– Você só faz boneca de um real? Não tem umas que são mais caras, que são mais difíceis de fazer?

– Tem, mas demora muito tempo!

– Mas você ganha mais, concorda? Vai pensar nisso direito para a gente fechar o negócio.

Quando ela viu que estava juntando um dinheirinho, disse para a mãe:

– Mainha, fica tranquila! Já posso te ajudar porque tenho a profissão de bonequeira.

Havia várias situações desse tipo. Ou a gente pensava em um jeito novo para que os meninos pudessem trabalhar ou nós íamos perdê-los. E foi aí que surgiram as unidades de produção, que acabaram apelidadas de "fabriquetas".

E tome roda e tome pergunta e tome aprendizado.

– O que vocês podem fazer? O que temos aqui?

– Moço, aqui na zona rural tem muita madeira!

– Podemos fazer arado e outras ferramentas para vender pros produtores.

– Será?

A resposta foi arranjar um espaço no galpão, conseguir um maquinário e começar a produzir coisas enormes. Aos poucos, foram surgindo outros talentos e outras invenções de moda.

Demos aos jovens da primeira turma, os mais velhos, a opção de continuar no projeto como monitores ou investir em outras fabriquetas. As escolhas foram diversas, mas lembro especialmente de um – o Marquinhos.

Ele era um menino genial, boa gente, amigo de todo mundo, querido! Era campeão de concursos de pipa.

– Eu quero ser educador!

– Pronto! É aqui mesmo o seu lugar.

Ele foi o nosso primeiro monitor e trabalhou com educadoras do CPCD, a Meirinha, a Tânia, a Eliane, com essa turma toda.

– Marquinhos, você vai fazer o que aqui?

– Criar!

E ele danou a inventar. Um dia, ele queria entender da leveza e do movimento e criou o "menino passarinho" (que é uma peça pioneira da Cooperativa Dedo de Gente). Pegou um arame, enrolou, botou um menino soltando pipa e fez uma obra de arte. Durante muito tempo, trabalhou com os meninos nas fabriquetas inventando jogos e brinquedos. Depois, jovem ainda, virou encantado e voou leve como seu menino passarinho.

Em outra oportunidade, cheguei numa roda com as crianças e mostrei uma prensa de fazer queijo. Queijo é coisa de que, como vocês sabem, mineiro gosta muito. Aí o Robinho, lá do meio, disse:

– Ô Tião, eu sei fazer isso!

– Ah, sabe nada!

– Eu sei!

– Sabe o quê! Isso é conversa-fiada, Robinho. Como é que você sabe?

– É porque eu sei fazer caminhãozinho de madeira.

– E daí?

– E daí, que quem aprendeu a fazer caminhãozinho de madeira faz qualquer coisa de madeira! É só juntar, colar, pregar. Juntar de outro jeito, bobo! Presta atenção!

E eu prestei atenção. Estava na cara: esse menino me deu a lição de que eu precisava. Nós não somos criadores de produtos, somos criadores de formas. O menino que aprendeu a fazer um caminhãozinho de madeira faz qualquer coisa de madeira. Só muda a forma. É isso aí!

Robinho, hoje, é um *designer* de móveis famoso em Curvelo, como não poderia deixar de ser.

Esses processos criativos continuaram a ser perseguidos por nós e, numa oficina de criatividade dirigida pela Tê (Terezinha Araújo), saltou, como clarão, a pergunta que aprendemos a fazer ao longo de nossa trajetória em diversas situações: de quantas maneiras diferentes e inovadoras (MDI) nós podemos? Aí, você bota a encrenca na frente.

De quantas maneiras diferentes e inovadoras nós podemos alfabetizar um menino? Tirar um jovem da linha de tiro? Mobilizar uma comunidade? Construir uma comunidade educativa? E aí o grupo começa a inventar várias respostas. Cinco, dez, vinte possibilidades? Não há limite. Quando esgota a minha cota de propostas, sai Tião Rocha e entra outra pessoa. Uma hora a gente acerta! O tiro pode ser de um calibre bem pequeno ou uma bala de canhão, mas tem que ser pensado sempre de maneira diferente e inovadora.

Quando você se empenha nesse exercício, não tem erro, tem aprendizado. O que funcionou? Quais as soluções possíveis? Onde está o ponto do doce?

E você vai construindo, sistematizando a sua própria pedagogia, porque vai testando e avaliando o seu aprendizado e vendo cada vez mais resultados.

O Ser Criança virou uma lógica, com princípio, meio e fim. Dele se originaram o "Bornal de Jogos", as "fabriquetas de economia solidária" e a Cooperativa Dedo de Gente, nome criado por eles. E teve esse impacto do ponto de vista da educação, de a gente responder às questões da relação educação x escolarização x prazer.

Em 1996, quando ganhou o 1º Prêmio Itaú-Unicef, de âmbito nacional, o projeto virou referência para o CPCD. Deu a dimensão de tudo o que o CPCD podia fazer, disseminar, multiplicar, replicar e formar pessoas e educadores.

Esse processo, aplicado muitas e muitas vezes em todos os projetos, foi e é, até hoje, um material inesgotável de reflexão. Partir da pergunta inicial e perceber como as respostas surgem sucessivamente das necessidades, para gerar o processo de aprendizado, em todos os sentidos, é um exercício permanente.

Não é uma só semente, mas uma sementeira mesmo, com sementes distintas que vão virando uma diversidade de práticas e aprendizados. Uma floração.

"Me ajuda a olhar!"
x "Me ensina o que você viu?"

Aí, vi, aprendi.

João Guimarães Rosa, Grande sertão: veredas

O livro dos abraços[3], do escritor uruguaio Eduardo Galeano, reúne causos e histórias da América Latina. Um livro incrível! Todos deveriam ler. Lá tem uma história que é assim:

> "Diego não conhecia o mar. O pai, Santiago Kovadloff, levou-o para que descobrisse o mar.
>
> Viajaram para o Sul.
>
> Ele, o mar, estava do outro lado das dunas altas, esperando.
>
> Quando o menino e o pai enfim alcançaram aquelas alturas de areia, depois de muito caminhar, o mar estava na frente de seus olhos. E foi tanta a imensidão do mar, e tanto o seu fulgor, que o menino ficou mudo de beleza.
>
> E quando finalmente conseguiu falar, tremendo, gaguejando, pediu ao pai:
>
> – *Me ajuda a olhar!*"

O Galeano chamou essa história de "A função da arte".

Eu, que não tenho a sensibilidade do Galeano, fiquei imaginando o que será que o pai respondeu? Alguma resposta haveria que ter!

---

3 Eduardo Galeano, *O livro dos abraços*. Porto Alegre: L&PM, 2023. p. 15.

De tanto imaginar a resposta, mudei o título para "A função do educador" e mandei para o Galeano, de quem tive o privilégio de ser amigo. Ele autorizou: pode escrever, pode usar! Desde então, eu uso: a função do educador. O que um pai ou um professor responderia?

Talvez um dissesse:

– Olha depressa, que daqui a pouco nós vamos ter que pegar a estrada de volta. O trânsito tá complicado. Depois, você pergunta pra sua mãe, tá bom?

Outro, talvez:

– Filho, eu já te trouxe. Agora, você vai olhando aí, que eu estou ali na barraca tomando uma cervejinha, tudo bem?

Ou, ainda:

– Entra lá! Vai, toma um banho, se molhe, vai se divertir.

Outro, talvez, resolva dar uma aula:

– O mar é formado por peixes, marés, algas e não sei mais o quê...

Mas o que eu acho é que um educador, quando escuta um "me ajuda a olhar!", deveria responder na mesma hora:

– Me conte o que você viu!

Penso que é isso que acontece quando qualquer pessoa – criança, jovem ou adulta –, ao entrar numa escola, deseja: eu vim aqui para você, professor, ou você, escola, me ajudar a olhar!

– O que você já viu? Ou já olhou? Você quer olhar para onde? Para você mesmo? Para sua vizinhança, sua comunidade, sua cidade? Ou para o mundo?

Essas são as respostas que devemos dar quando somos instigados ou convocados não por uma pergunta, mas por uma afirmação: "Me ajuda a olhar!" Então, primeiro, me conte, me ensina o que você já viu (e já sabe) e o que você traz com você!

Assim, construímos uma caixa de diálogos. A partir daí, professor e aluno podem se olhar e, juntos, olhar o mundo e a vida que os cerca. A escola é o lugar para se passar o mundo e a vida a limpo, todos os dias, através de todas as lentes e lunetas disponíveis: arte, ciência, filosofia, atitudes, avanços e retrocessos, futuros possíveis e desejáveis.

Ao construir essa caixa de diálogos, podemos olhar juntos e construir novos olhares? Eu acho que esse é o melhor e mais sutil exercício do que é e pode vir a ser a "práxis educativa".

O processo ensino-aprendizagem decorre desse exercício, de pequenos nadas, como uma piscadela. Então, não é tanto o que eu falo, não é tanto o que eu ensino, mas é o que o outro aprende que faz sentido para ele. São as experiências que marcam e produzem sentido para cada pessoa.

Como é que a gente pode fazer coisas que vão marcar esses meninos para toda a vida? Como você transmite valores? O que cada um leva? Onde é que você toca? Como é possível ajudar a olhar?

Nós, educadores, temos privilégios em relação a todas as outras profissões: nós estamos todos os dias diante de alguém com quem podemos passar o mundo a limpo, por vários olhares. Podemos passar o mundo a limpo pela física, matemática, português, literatura, ecologia, educação física ou nanotecnologia. Não importa o pretexto, há de se inaugurar olhares. Quanto mais os alunos te percebem, mais eles vão te cobrar, exigir, porque, na visão de mundo deles, você vira uma referência de coerência. Não será o que sabe tudo, mas aquele que estará sempre disposto a experimentar um novo olhar. Perceber isso nos leva a uma posição de aprendiz permanente, de construtor de nossas próprias pedagogias.

Lições de Moçambique

Nele achei outras verdades, muito extraordinárias.

João Guimarães Rosa, Grande sertão: veredas

Preservando a vida e a ética, vale tudo!

De onde eu tirei isso? De Moçambique, onde trabalhamos no início da década de 1990. Lá, tive que aprender a fazer exames de fundo de olho. Oftalmologia social, se é que existe isso! Se não existe, acho que a inventamos, pois percebi que lá em Moçambique – como no Maranhão, como no Vale do Jequitinhonha – eu conseguia diferenciar o que era ser pobre do que era ser miserável. Ser ou estar pobre é uma contingência, mexe com as coisas que nos faltam. Ser ou estar miserável é um estado de espírito, afeta o sentido da vida e a alma.

Uma vez, alguém me perguntou se eu era capaz de responder em um minuto o que eu fazia nesses lugares remotos.

– Eu tento transformar miserável em pobre.

– Mas o que é ser miserável?

– É quando você olha para uma pessoa e percebe que ela sofre de uma doença que dói, mas que não é dor física, é dor na alma. Se o olhar é apagado, de peixe morto, é sintoma de melancolia. Melancolia é a dor de alma. É a falta de sentido da vida, falta de futuro.

Em Moçambique, às vezes, eu passava o dia inteiro com os jovens, provocando:

– O que vamos fazer amanhã, moçada?

Não era no futuro, não, era no dia seguinte mesmo! Mas não havia nenhuma proposta. Um dia, depois de passarmos a manhã inteira juntos, um cara falou assim:

– Eu acho que amanhã nós podíamos roubar a casa do seu fulano de tal.

– Agora temos um projeto – afirmei.

Aliás, o único. Pensei com meus botões: "Tenho que arranjar um plano B, senão vou virar ladrão". Aqueles jovens eram como pedra de gelo, se derretiam todos os dias, transformavam-se numa poça d'água, e no outro dia evaporavam. Tornaram-se invisíveis para a sociedade, para o mundo, para si próprios! Eles só tinham o presente do presente. O desafio era criar o presente do futuro. Amanhãs possíveis.

E o que é criar futuros? Como é que se sai desse lugar de miserabilidade, que é quando a autoestima está tão baixa que não chega nem no nível do zero? Nesse lugar, que não é nem de autoestima baixa, é de autodesprezo. Um buraco que não tem fundo.

Em Moçambique, onde trabalhei durante nove anos na formação de educadores que lidavam com crianças e jovens que viviam nos campos de refugiados de guerra, foi um exercício de desaprendizado.

Imagina você chegar em Moçambique, que era o antepenúltimo país do mundo em Índice de Desenvolvimento Humano (IDH)! Tudo o que eu havia testado e aprendido não servia lá. A grande doença que afetava o povo moçambicano não era a fome, nem a miséria, nem a repressão política – era a melancolia. Essa dor lá do fundo da alma. A falta do futuro.

Fui parar num lugar chamado Namalima, na Nampula. E lá não tinha melancolia. Pobreza tinha a dar com pau, mas havia brilho nos olhos, ninguém sofria de melancolia. E aí comecei a perguntar:

– O que aconteceu aqui?

– Ora pois, não aconteceu nada!

– Ah, aconteceu! Alguma coisa aconteceu!

– Nós viemos dos campos de refugiados da guerra para cá. E aí paramos na Namalima aqui para reorganizar a nossa comunidade.

– Eu sei, o país todo está assim, buscando fazer de um campo de refugiados a sua aldeia, mas vocês são diferentes.

– Mas aconteceu alguma coisa aqui, não é verdade?

E finalmente alguém me disse:

– Eu acho que nós começamos a mudar depois que a escola apareceu.

– Opa, como é que é isso mesmo? Mas que escola, aquela lá?

– É, a única.

Era uma escola de pau a pique, chão de terra batido, mais ou menos num espaço de três por quatro metros.

– Essa escola foi construída pelo senhor António. E foi isso mesmo: depois da escola, o mundo mudou, confirmaram outras pessoas.

– Cadê o senhor António?

Ninguém achava o senhor António. Fiquei lá um mês zanzando de cá para lá procurando. Um dia, tive a sorte grande de encontrá-lo. Ele vivia na savana.

– Eu estava procurando o senhor faz meses, senhor António.

Agora o senhor vai me contar: o que o senhor fez neste lugar?

– Eu não fiz nada, não, meu senhor.

– Ah, o senhor fez, sim. O que foi?

– O que eu fiz? Só fiz a escola, pois.

– Pois eu vou ficar aqui o dia inteiro. Enquanto o senhor não me contar tudinho, eu não vou embora. Eu não estou com pressa.

Então, ele começou a me contar a história: quando eles voltaram da guerra, o povo todo se juntou e o chefe da tribo, que já morreu, razoou:

– O que nós estamos precisando aqui, na nossa comunidade?

– Tudo, pois não tem nada.

– Precisa de tudo, é verdade, mas quem, entre nós, precisa de mais?

– As crianças.

– E o que vocês acham que as crianças precisam mais?

– De escola.

– Vocês concordam então em fazer uma escola para crianças? Todo mundo está de acordo?

Todos concordaram.

– Quem é que sabe construir escola?, perguntou o régulo, o chefe.

O senhor António levantou a mão. E dali foi embora, foi construir a escola. Resolveu a parada dele: foi para o mato, juntou um bocado de madeira e palhas e, em dez dias, ele construiu uma escola três por quatro. Foi lá na casa do chefe:

– A escola está pronta, pode começar a funcionar.

– Ô senhor António, muito obrigado, mas tem um problema. Nós não temos ninguém, não tem nenhum professor para ensinar.

– Então, por que vocês pediram para construir a escola?

– Porque a escola, estando pronta, o dia que houver um professor, ele vai ensinar.

– Não, está errado, tinha que ter o professor! A escola está pronta, pode arrumar o professor!

– Mas ninguém aqui é professor!

Começou um bate-boca.

– Então, eu quero receber, vocês vão me pagar pelo meu trabalho.

– Mas não foi combinado assim.

– Mas vocês também combinaram de arrumar o professor e não arranjaram.

– O senhor pode ir de casa em casa e falar com as pessoas. Se elas quiserem pagar, o senhor está autorizado a receber.

E ele foi, de casa em casa, na comunidade da Namalima.

– Eu gastei dez dias de trabalho para fazer a escola, agora cada um vai pagar com um dia de trabalho para ela funcionar.

– O que o senhor sabe fazer?

– Eu sei fazer machamba[4].

– E a senhora?

– Eu sei fazer cada capulana[5], que só vendo!

– E a senhora?

– Eu sei torrar castanha de caju.

Ele pegou todos os adultos da aldeia e cobrou um dia de tra-

---

4 Machamba é roça ou horta.

5 Capulana é o nome dos panos coloridos, em geral usados pelas mulheres, para cobrir e enfeitar o corpo e a cabeça.

balho, no ofício em que cada um dominava. Todos aceitaram.

– Chumbo trocado não dói, disse ele.

– E aí, senhor António?

– Eu passo por lá e vejo que sempre tem movimento.

– Eu passei a observar aquela escola: ela nunca mais fechou as portas.

Um dia, apareceu a professora:

– Sou a professora, vim dar aula!

E ouviu de volta:

– A senhora pode voltar amanhã para a gente ver se encontra um espaço. Hoje não tem horário não, os horários de toda a semana estão ocupados.

Essa escola, literalmente, nunca fechou as portas: sábados, domingos, todos os dias ela funcionava.

– Valeu a briga, senhor António?

– O que você acha? Olha lá a quantidade de gente. O dia inteiro tem gente lá.

– E o que o senhor aprendeu com isso tudo que eu possa aprender também.

– O que eu aprendi? O que meu pai já havia me ensinado e nós, macuas, acreditamos: para educar uma criança é preciso toda a aldeia.

– Muito obrigado, senhor António, agora posso ir embora! Já aprendi muito com vocês. Agora eu tenho pressa, quero levar essa sabedoria macua para o meu país: para educar uma criança, é preciso uma aldeia inteira. Aprendi.

Vida no lixão

*O correr da vida embrulha tudo, a vida é assim: esquenta e esfria, aperta
e daí afrouxa, sossega e depois desinquieta.
O que ela quer da gente é coragem.*

João Guimarães Rosa, Grande sertão: veredas

No começo dos anos 1990, a convite da Visão Mundial, uma organização de ajuda humanitária internacional, nós trabalhamos em Vitória, Espírito Santo. Vitória é uma ilha e o último bairro da cidade se chama São Pedro. Do outro lado da última rua de São Pedro existia um lixão. O povo que morava lá tinha vergonha de falar sobre isso. A gente perguntava:

– Onde você mora?

– Eu moro no São Pedro 1 – referindo-se ao outro lado da rua.

A cidade foi crescendo, o bairro aumentando, e os moradores empurrados para onde desse. O bairro virou São Pedro 2, São Pedro 3, São Pedro 4, 5, 6, até o limite da cidade, porque depois é o mangue e o mar, não há mais para onde ir.

Eu estava em São Pedro 6. Nenhum dos projetos sociais e educacionais realizados lá – pelo Estado, pela prefeitura, pela Igreja, nacionais e internacionais – havia vingado. Por uma razão muito simples: a lógica dizia que lugar de gente não é no lixo e a primeira coisa que queriam era tirar as pessoas do lixo. Só que aquela população não sabia mais viver sem o lixo e, então, quando o lixo mudava de lugar, ela mudava junto.

Nessa população, de umas 3 mil pessoas, havia um grupo de

trezentas a quatrocentas crianças. Eu ficava zanzando de um lado para outro, buscando uma forma de me aproximar deles, até que um dia ouvi duas senhoras conversando:

– Ô Tonha, eles estão querendo montar uma escola aí para os nossos meninos. O que você acha?

– Ah, eu acho bom, aqui não tem nada! Mas tem uma coisa, comadre: se esse pessoal estiver pensando em me tirar daqui do lixão, eu estou fora.

Era a piscadela de que eu precisava.

Fizemos uma reunião e comecei falando:

– Moçada, é o seguinte: nós vamos montar um projeto aqui com os meninos. Podem vir todos, até os pequenos. Todos!

– Ah, que bom!

– Que bacana!

– Onde é que vai ser o projeto?

– Aqui.

– Mas aqui? Aqui não tem jeito de aprender.

– Nem de viver, mas, se é para os filhos de vocês, vai ser aqui.

– Não, aqui não pode ter escola.

– Nem casa. Vocês vão sair daqui?

– Não.

– Então, o projeto para a meninada vai ser aqui.

– Mas aqui, em cima do lixo? Isso não vai dar certo!

– Sim, aqui, em cima do lixo, onde vocês vivem. Vocês vão sair daqui? Não! Então vai ser aqui. Combinado?

– Segunda-feira, às 8 horas, a gente se vê. Tudo bem?

– Combinado, moço!

Na segunda-feira, no horário marcado, não apareceu ninguém. Nove horas, ninguém; 10 horas...

– Tião, não apareceu nenhum menino, nenhuma menina! Isso não vai dar certo!

– Ah, eu vou lá de novo, o combinado não custa caro!

– À tarde, fui encontrar com as mães, às 17 horas.

– Ô gente, eu preciso conversar sério com vocês!

– Ô seu Tião, agora-agora, a gente não pode, sabe? O senhor vai ter que esperar um pouquinho.

– Está bom, eu espero.

– Mercadinho! – gritou alguém do alto do morro.

Todo mundo saiu correndo. Era o horário que o caminhão que passava pelo mercado e pela feira livre trazia os restos de comida. Quando o caminhão despeja aquela mistura, todo mundo pára tudo o que estiver fazendo e vai catar as sobras.

Fiquei atônito, paralisado!

– Nós vamos preparar o jantar, seu Tião, e já voltamos!

Elas, enfim desimpedidas, se juntaram para conversar. Conversa vai, conversa vem, eu estava vendo que não rendia.

– Ô gente, eu estou indo embora!

– Não, é cedo, vamos ficar mais! A gente só vai conseguir dormir pela manhã mesmo!

Aí caiu a ficha. No lixão de Vitória, acontecia, todos os dias, um congresso, uma assembleia permanente de pernilongos do mundo inteiro. Eles se reuniam lá pelas 18 horas. Então, ninguém dorme no lixão. Todos passam a noite inteira tomando cachaça, dançando, fazendo fumaça, até que, às 6 horas, os mosquitos partem para os seus países de origem e o povo vai dormir. Até mais ou menos meio-dia, quando chega o primeiro caminhão de lixo.

Eu só pude dizer:

– Desculpa, gente! Agora, entendi que o fuso horário aqui é igual ao da Europa. A vida só começa a partir das 13 horas. Então, a escola vai ser às 13 horas e não às 8 da manhã.

Agora, sim, aparecia menino e menina de tudo quanto era lado. E eu ia lá sempre. Na primeira semana, a maré subiu, colocaram um trapiche. Depois, subiu de novo, colocaram um plástico. Depois, botaram uma lona. Três meses depois, o chão da escola era limpinho.

Toda vez que eu chegava lá, muitas pessoas me olhavam de cara feia. Eles não gostavam de mim. Depois, entendi por quê. Esse pessoal morria de raiva de mim porque todo o plano era para dar errado, porque lá não podia acontecer nada positivo e estava acontecendo. Um dia, vi uma senhora plantando couve num caixotinho! Tirei o maior sarro:

– Eu sou o primeiro antropólogo que viu uma mudança de era. Ninguém viu, mas eu vi. Saímos do paleozoico inferior para o superior! Antes, vocês eram coletores de lixo e agora são agricultores. Que mudança de fase fantástica!

Então, isso começou a acontecer: os meninos fazendo canteiros em caixotes, as mulheres plantando, muita gente limpando, cuidando. Eram impactos demolidores daquela realidade.

Um dia, a Lúcia, coordenadora do projeto, chegou pra mim e falou:

– Tião, estamos com um problema.

– Problema é o que mais tem aqui.

– Eles estão querendo tirar um menino do projeto.

– Por quê?

– Eles vão falar com você na reunião.

Eu cheguei para o encontro e ninguém falava nada. Os mosquitos começaram a me incomodar e eu falei:

– Ó gente, vocês fiquem com os mosquitos, que eu estou indo embora. A Lúcia me disse que vocês têm um negócio para me falar sobre um menino, o Leandro, mas, já que ninguém diz nada, tchau.

– Ah, Tião, bom lembrar! A gente queria pedir para você levar esse menino para o orfanato.

– Eu, não! Por que eu tenho que levar o Leandro para o orfanato?

– Porque é um menino que fica zanzando aqui no lixão.

– Mas todo mundo fica zanzando aqui.

– Não, Tião, é que ninguém sabe quem é o pai e a mãe dele.

– Eu perguntei se precisava ter pai ou mãe para entrar no projeto?

– Não.

– Então, qual o problema?

– É porque ele mora debaixo de um barraco de lona.

– Mas vocês também não moram debaixo de um barraco de lona? Não estou entendendo. Vocês são os "excluídos". Depois de vocês, não tem mais ninguém. Só tem caranguejo, o mar, e acabou. Excluído não pode excluir. Isso é o maior contrassenso, é o fim da linha!

– Tião, mas esse menino não pode ficar no projeto.

– Eu não vou tirar ninguém. Se vocês tirarem o Leandro do projeto, eu estou fora.

Já na rua, a Lúcia resolveu me esclarecer.

– Tião, a questão é que esse menino está indo pro projeto com dois cachorros. Ele só frequenta um lugar se os cachorros ficarem. Ele tentou ir à igreja, o padre não deixou. O pastor também não deixou. Na escola, a diretora falou que só entrava ele, os cachorros, não. Ele só fica nos lugares com os dois cachorrinhos dele, então...

– Mas, Lúcia, por que eles não me contaram isso?

– Eles ficaram com vergonha.

– Então, você resolve!

– O que eu faço?

– Matricula o menino.

– E o que eu faço com os cachorros?

– Matricula também, né? Batiza os cachorros, só não podemos perder esse menino de jeito nenhum.

Esse foi o assunto. Ela conversou com o grupo e nós acompanhamos de perto a história do menino e seus cachorros. Eles tinham nome!

– Rex, já pra dentro! Está na hora da atividade começar, o Bicão já está no lugar dele quietinho.

– Quando viemos para cá, já não existia a humanidade? Então temos que criar agora a "cachorridade"! Só não podemos é perder mais nenhuma criança.

Depois desse, apareceram outros problemas: alguns meninos estavam sendo cooptados pelo pessoal do tráfico de drogas. As pessoas estavam com medo.

Lá fui eu! Mandei um recado para o chefe do tráfico que queria uma reunião com ele. Ele me recebeu e, todo desconfiado, queria saber o que eu queria.

– O senhor é um homem de negócios, né? Tem atividades empresariais aqui na comunidade e eu não tenho nada com isso, entendeu? Nenhum problema. Mas o senhor não pode usar crianças, porque o Estatuto da Criança e Adolescente foi aprovado e está escrito lá: é proibido o trabalho infantil. Isso pode dar cadeia. O senhor tem filho pequeno?

– Tenho.

– Então, ele não pode trabalhar, o senhor não concorda?

E ele me olhando com a cabeça de lado: "Esse cara está de sacanagem comigo, né?"

– O senhor contrata os adultos, os mais velhos, mas criança não pode.

– Tu acha que dá problema?

– Com certeza!

Eu andava com o livrinho no bolso e mostrei:

– Está aqui, cara, é proibido! Isso pode atrapalhar o seu negócio. A gente tem que proteger as crianças.

Então, ele endireitou o pescoço e falou:

– Tá certo, nós num vamos mexer com nenhuma criança desse tal de projeto. O que mais tu tá precisando?

– Não estou precisando de nada, só que o senhor cuide disso, por favor.

– Pode deixar, dos meninos eu tomo conta! Não vai ter mais menino lá que vai ser usado, eu vou avisar pra todo mundo. Tá tudo certo: num vamos mais incomodar. A gente fica numa boa, cara! Se precisar de mais alguma coisa, é só me chamar!

Todo mundo queria saber:

— O que você fez, Tião?

— Fui lá conversar, ora! Negócio com negócio.

Ele cumpriu a palavra. Nunca houve violência com os meninos. Era uma relação muito boa deles com o projeto.

O CPCD não tinha um escritório no Espírito Santo e, por conta disso, tínhamos que encerrar o projeto, a Visão Mundial não ia renovar os recursos. Então, perguntei para essa equipe e para o pessoal da comunidade se eles queriam receber os recursos e tocar o projeto.

— Mas como é que se faz isso?

— A gente monta uma filial do CPCD no lixão, uai!

Criou-se uma filial capixaba, eles elegeram uma diretoria, que recebia o recurso da Visão Mundial. Fizeram um acordo com a prefeitura durante muitos anos, ficaram autônomos. E foi um movimento muito interessante, porque a prefeitura entrou no bairro, construiu uma usina de reciclagem de lixo, por demanda dos trabalhadores coletores de lixo de lá. Passaram a produzir papel reciclado e composto orgânico. Foram se organizando.

Aí o lixão, ou o São Pedro 6, virou bairro Resistência. Com o tempo, começou a ter até especulação imobiliária. O cara comprava um pedaço de mangue cheio de lixo e fazia um loteamento.

Quando o papa João Paulo II ia vir ao Brasil e à Vitória, o pessoal da Resistência foi à diocese e conseguiu que o papa fosse lá fazer uma visita. Claro que a prefeitura deu uma urbanizada bacana. O papa foi. Eles se sentiram privilegiados.

A equipe do CPCD se afastou e o projeto ficou nas mãos da Lúcia, com o grupo de lá. Passados alguns anos, eles ligaram para nós com o propósito de ir a Belo Horizonte devolver o CPCD de Vitória. Agradeceram e mostraram que estavam formalizados. Entregaram-me a cópia do documento de abertura da Associação Comunitária dos Amigos do Bairro da Resistência. Estavam felizes! Nós também!

Foi uma experiência muito forte de aprendizado. Para a gente, que tinha como primeiro objetivo não perder ninguém, a história do Leandro, que só tinha os dois cachorros, foi muito marcante. O que aconteceu com ele? Ele cresceu, ficou lá, arranjou um trabalho, tocou a vida dele. Claro, sempre acompanhado pelos seus cachorros!

Afeto se aprende

Só se pode viver perto de outro, e conhecer outra pessoa, sem perigo de ódio, se a gente tem amor. Qualquer amor já é um pouquinho de saúde, um descanso da loucura.

João Guimarães Rosa, Grande sertão: veredas

Durante o governo militar brasileiro, um americano, não sei se maluco ou visionário, propôs um projeto revolucionário para a Amazônia com base na produção de celulose, o complexo Jari, na divisa do Amapá com o Pará. Esse projeto faliu e o BNDES convidou vários empresários brasileiros para assumir a encrenca.

O grupo Orsa pagou um valor simbólico de 1 real e, em 1999, assumiu o complexo com seu débito e um passivo social sem medida, que ninguém queria.

A Fundação Orsa me chamou para dar uma consultoria e em seguida me propôs coordenar uma equipe local. Durante dois anos, trabalhei no Jari. Eu ia para lá, ficava quinze dias direto para aplicar a nossa metodologia: mapear o território, formar uma equipe, um time para jogar o jogo da inclusão, por meio dos processos da educação.

Esse trabalho me possibilitou conviver com uma realidade distinta de tudo o que eu conhecia.

Do lado do Amapá, estava Laranjal do Jari. Agraciada com o título de "Uma das dez maiores favelas fluviais do mundo", com uma população de cerca de 40 mil pessoas. A maioria delas tinha saído do Maranhão, deixando o quase nada que possuíam, atraídas por uma promessa ou por uma esperança, e não tinham para onde voltar. A maior parte dessa gente vivia em palafitas, em cima do rio, que havia se transformado em um grande depósito de lixo e de esgoto. Em Laranjal, o índice de criminalidade e de violência era muito alto. Lá era o "beirdão", terra de ninguém.

Do lado do Pará, do outro lado do rio, ficava Monte Dourado. Um arranjo de casinhas de madeira construídas pelos americanos, arrumadinho, limpinho, uma referência de como pode ser boa a vida. Ali moravam as pessoas ligadas à nova administração e o povo que trabalhava na fábrica, no cultivo de eucalipto ou na produção de celulose.

Era um conflito terrível entre esses cenários. Uma elite, dos mais privilegiados, que morava em terra firme, e os destituídos, que viviam em palafitas. Havia uma rejeição enorme em relação à população que morava em Laranjal do Jari.

Era um lugar desafiador.

E aconteceram coisas muito interessantes, do ponto de vista do envolvimento da população e da maneira como as pessoas foram se apropriando do projeto para fazer a inclusão de todos.

O ponto mais importante desse trabalho foi a convivência com as gangues do Jari, umas doze. Grupos de jovens que viviam ao longo das palafitas e disputavam o poder entre eles, resolvendo tudo com terçados, que é um facão curvo, desses usados para cortar mato. A notícia usual lá era eles se cortarem uns aos outros com essa ferramenta. Era assustador! A polícia vivia atrás desses meninos para prender e para bater. Uma parte da palafita era um grande bordel que funcionava dia e noite, com casa de jogo, bebida e violência comendo solta; a outra, um bando de igrejas pentecostais, cada uma gritando mais alto que a outra. Um caos!

Fui me aproximando gradativamente da comunidade e comecei a conversar com alguns integrantes daquelas gangues. O desafio era juntá-los em torno de algum propósito, já que viviam num ambiente de tão pouco sentido, que matar ou morrer fazia pouca diferença. Percebi o seguinte: eles eram avessos à escola, à participação em algum projeto, indiferentes à comunidade. Eles queriam viver em seus pequenos grupos, encontrando alguma identidade num conflito permanente, mas gostavam de futebol. Eu ia jogar bola com eles todas as tardes, e, depois do jogo, a gente sentava, comprava um guaraná Jesus e conversava, cada vez mais frequentemente.

– Do que mais vocês gostam, além de jogar futebol?

– A gente gosta muito de música, de brega, saca?

– Mais ou menos, mas eu também adoro música. Então, vamos fazer o seguinte: é um brega seu, um clássico meu. Toma lá, dá cá. Eu escuto uma música de vocês, e vocês ouvem um Pixinguinha, um Chico Buarque...

Eu debochava deles dizendo que eles gostavam da banda Colapso (ops, Calypso... colapso tem quem escuta aquilo), mas eles começaram a descobrir outras bandas, e a beleza da música brasileira foi abrindo veios.

– De que mais vocês gostam?

Eu ficava angustiado procurando outras informações, outros temas, jeitos de chegar neles. Um dia, depois de alguns meses já que tínhamos começado aquelas conversas, um deles me perguntou:

– Tião, como é que a gente faz para conquistar uma moleca?

– Conquistar uma moleca, você não sabe?

– Conquistar, não; eu já sei o resto. O resto eu já sei, eu já fiz, né? Sei transar, mas conquistar eu não sei.

– Você tem que ser afetuoso – disse eu, sem entrar nas minúcias.

– O que é ser afetuoso?

– É ser delicado, cuidar com carinho.

– O que é cuidar com carinho?

– É, companheiro, com todo o respeito, fazer um cafuné.

Silêncio.

– Cafuné! Não sabe o que é cafuné?

Silêncio ainda.

Aí percebi o buraco dessa existência. Eu via uma sexualidade exacerbada, mas não existia sensualidade, afeto, respeito, carinho. Nem sabiam o que era cafuné!

– Então, amanhã, depois do futebol, depois da música, vai ter oficina de cafuné!

Só pode fazer cafuné em alguém quem teve cafuné na vida. Quem nunca sentiu cafuné não dá cafuné. E cafuné é fundamental!

Foi muito interessante e eu fiquei imaginando: "Meu Deus, estou lascado! Nunca tive aula de amor na faculdade. Depois, pensei: Graças a Deus! Já pensou uma aula de amor, nos moldes das que existem por aí? Ficar em dependência em amor 1 ou amor 2? Fazer trabalho, fazer um TCC sobre amor? É brincadeira, ninguém merece!".

E aí a gente foi discutir, falar de afeto, de amor – eu e os jovens! E foi um barato. Percebi que nós tínhamos que construir uma **pedagogia do abraço**. Os meninos precisavam falar disso, se tocarem com ternura, e eu estava lá para ajudá-los a olhar para o prazer, para o sentimento. Isso que todos queremos ter ou viver e eles não conseguiam.

Fui atrás de filmes que abordavam esse tema. Consegui um de

capa e espada, em que os príncipes disputam o poder, tem um duelo no final, um mata o outro. Quem ganha fica com a mão da princesa e o castelo. Aquelas histórias clássicas de castelos medievais. Ao final do filme, quando levei a discussão para a roda, umas jovens, convidadas por eles, começaram a falar:

– É isso que acontece aqui! Os meninos aqui se matam por causa da gente!

E, a partir daí, eles começaram a falar como eram essas relações, como as mulheres eram mais invisíveis ainda, como elas começaram a usar isso e geravam declarações de guerra, porque um estava se "apropriando" das molecas do outro, como se todas tivessem dono. E foram mais livros e conversas para abordar essas questões. Praticamente durante todo o tempo em que trabalhei no Jari, eu tinha reuniões de manhã e de noite, mas, à tarde, era sagrado o futebol com a moçada.

As conversas depois do jogo foram se aprofundando e começou a se discutir de forma mais civilizada e fecunda. Eles constataram que não tinham espaço naquela comunidade. Eles não podiam sair. O lazer estava nos bares e nos prostíbulos, onde eles não podiam entrar porque eram menores e corriam o risco de ser presos pela polícia. Mas também não podiam ficar em casa, porque os pais não deixavam e por causa da violência. Na rua, não havia nada para fazer, então...

Começamos a pensar juntos o que eles podiam fazer e a sugestão foi preparar uma área para andar de *skate*. Então, a gente foi lá para o lado seco e eles mesmos construíram as pistas. Confeccionaram seus *skates* e de noite iam para lá. Uns dias depois de mais papo, contaram que eram perseguidos pela polícia. Fui atrás da polícia para conversar.

O tenente Miranda era o comandante do destacamento e eu contei para ele a história, chamei para jogar futebol. Fizemos, primeiro, um jogo de futebol dos soldados do destacamento contra a moçada. Foi ótimo, porque os meninos deram um *show* de bola. Então, convidei o tenente:

– Olha, o senhor pode participar da roda, da música, do guaraná, do vídeo, mas não vai fardado, vai à paisana.

E esse cara, que era jovem, começou a conhecer por dentro aquelas "gangues", a participar, a reconhecer que eles precisavam mais de proteção do que de agressão e, de certa forma, a garantir o direito ao lazer para esses jovens.

Quando terminou meu tempo lá, o tenente Miranda estava saindo da polícia, reformado como capitão. Se foi embora?

Ele se candidatou a prefeito, ganhou e, junto com os meninos, criou as Gangues da Paz de Laranjal do Jari.

Autonomia à baiana

Aos pouquinhos é que a gente abre os olhos.

João Guimarães Rosa, Grande sertão: veredas

Por ocasião da comemoração dos quinhentos anos do descobrimento do Brasil, várias fundações brasileiras, como a Orsa, a Ayrton Senna, a Odebrecht, entre outras, reuniram-se e criaram um grande programa chamado Pacto do Sítio do Descobrimento. A proposta era que essas organizações trabalhassem na região do descobrimento do Brasil para tirar todas as crianças do analfabetismo. Em 22 de abril de 2000, haveria um grande evento com a remontagem da chegada das caravelas portuguesas, que encontrariam um território sem analfabetismo.

Cleuza Repulho, da Fundação Orsa, me chamou para uma conversa:

– Tião, eu participo desse projeto. É uma proposta bacana, só que algumas comunidades ficaram de fora. Fui procurada por duas mulheres que moram num lugar chamado Baianão, que fica a 7 quilômetros de Porto Seguro, que me questionaram: "e nós? Vocês só vão beneficiar quem mora na praia?" Mas o nosso projeto já está fechado e articulado. Você topa ir lá no Baianão ver se realiza alguma coisa com eles?

E fui parar lá no Baianão! Cheguei e levei um choque, porque, se a população de Porto Seguro era de 40 mil habitantes, 20 mil moravam no Baianão. Pessoas que trabalhavam em Porto Seguro na prestação de serviços: garçom, cozinheiro, camareira viviam lá e tinham que ir e voltar diariamente.

O lugar era uma ocupação de gente que migrou para o litoral, por conta da crise do cacau, atrás da promessa de um fazendeiro que chamavam de Baianão. Era uma grande favela que foi se urbanizando pelo trabalho dos moradores.

Fui percorrer o Baianão, conversar com as pessoas, conhecer as mulheres que tinham tomado a iniciativa de participar dessa atividade da Fundação Orsa. Eu já estava muito mais experiente na relação com as comunidades e fui escutando e aprendendo.

— Os rapazes e moças que nasceram e moram no Baianão são marginalizados em Porto Seguro. Uma menina não pode falar que é daqui do Baianão porque senão ela é vista como vadia, prostituta. Os meninos são encarados como bandidos. Então, a gente vive aqui, sempre com medo da discriminação.

Retornei minha impressão para o pessoal da Orsa:

— Olha, lá tem crianças demais! Se vocês estão querendo tirar os meninos do analfabetismo, lá é o lugar, encontraram o ninho.

— Nesse momento, nós não podemos incluir o Baianão no projeto do descobrimento. Vocês podem montar uma proposta especialmente para lá?

— Eu posso fazer um projeto no padrão do CPCD. Vocês arranjam dez educadores, a gente contrata essas pessoas, dá formação e vamos trabalhar com essa turma. Podemos criar lá um Projeto Sementinha.

— Vamos fazer assim: conseguimos esse pessoal em Porto Seguro. Solicitamos cinco educadores da prefeitura, mais cinco do curso do magistério, e teremos esse grupo de dez que pode ser treinado e contratado.

Fui dar formação, em Porto Seguro, para a turma dos dez educadores que eles me arranjaram. No final da primeira semana, todas, sem exceção, perguntavam:

– Onde é que nós vamos trabalhar?

– Nós vamos nos formar como educadores para trabalhar no Baianão.

– O quê? Para o Baianão eu não vou, não. Não vou mesmo! No Baianão só tem bandido!

– Lá só tem violência. É perigoso!

– Mas vocês vão trabalhar com as crianças!

– Mas filho de bandido, bandido é! Ninguém lá presta, não.

– Olha, Tião, eu só vou se tiver segurança, se tiver vigilância, policiamento. Se tiver carro para me levar, para me trazer...

A conversa era nesse nível.

– Gente, eu vou lá, converso com as pessoas, sento na roda com elas, não tem problema nenhum! Todo mundo é gente como a gente, só estão isolados, excluídos.

– Ah, mas eu preciso me sentir segura!

No final, me enchi. Agradeci a participação de todo mundo e procurei a Cleuza:

– Cleuza, aquela turma já mandei embora. Não quero, não.

– Mas como vamos fazer então? Desistir do projeto?

– Não, só vou fazer de outro jeito. Vou recrutar e formar as mães e as mulheres lá do Baianão. Tudo bem? Você continua bancando?

– Claro, eu confio demais no seu trabalho.

Era o que eu precisava! Fui lá, juntei a mulherada (umas quarenta mães), contei que havia dispensado a primeira turma e por quê.

– Quer dizer que vamos ficar sem nada?

– Só tem um jeito: vocês assumirem o papel de educadoras.

– Ah, mas nós não sabemos...

– ... mas vão ser formadas. Só precisamos de tempo. Nós vamos passar aqui cinco semanas, de segunda a sexta, o dia inteiro, sentados em roda, trabalhando. Quatro semanas, vamos ficar aqui, e, na última semana, eu vou levá-las para São Francisco, lá em Minas, para vocês verem como é que funciona o trabalho.

– Ah, mas eu não sei se posso ir, se meu marido deixa...

– Então, vocês resolvam: quem pode e quem quer.

Ficou um grupo de vinte, e fizemos a formação dessas mulheres educadoras. Na última semana, das vinte, só dez puderam passar uma semana conosco e foram elas que contratamos como educadoras do projeto. Eram, na maioria, donas de casa, casadas, algumas tinham curso primário ou ginasial, outras haviam começado o segundo grau. Elas mapearam o bairro, foram de casa em casa, juntaram os meninos, e nós montamos um projeto – Sementinha do Baianão – que é das coisas mais incríveis que já fizemos.

A Vânia Coutinho, educadora do CPCD, foi morar lá desde o início, para coordenar o trabalho das mulheres.

Era uma área de assentamentos, loteamentos, cheia de buracos, e elas foram definindo as ruas, os espaços, juntando os meninos por áreas, perto de onde elas e eles viviam. Organizando nos moldes do Sementinha, reuniam a turma num ponto de encontro, de onde saíam visitando casas, passando pelas ruas, pelos becos, pelos aprendizados.

A história foi rica principalmente pela mobilização das mulheres. Algumas tiveram que enfrentar os maridos, que não queriam que elas saíssem de casa para trabalhar com a gente. Toda vez que eu chegava para as conversas nas rodas havia assuntos para a gente discutir, refletir, conhecer o jeito delas de resolver as encrencas. Era um território brabo, abandonado, isolado, malvisto, sem policiamento.

Todo dia, a gente tinha uma grande lição. Numa das rodas, Solange, uma das educadoras, nos contou uma das muitas experiências dela. Parece até roteiro de cinema.

Foi assim: ela estava trabalhando numa casa de pau a pique, com as crianças sentadas no chão. Uma hora, olhou pela janela e viu um monte de policiais próximos dali, rodeando a casa. Então, ela inventou uma brincadeira na qual as crianças tinham que ficar sentadas e foi lá fora conversar com um soldado.

— O que está acontecendo aqui?

— Tem um bandido perigoso escondido na casa do lado dessa e nós não vamos sair daqui sem ele. Pode haver tiroteio a qualquer momento.

— Mas eu tenho vinte crianças sentadinhas no chão dessa casa.

— Então, a senhora tira elas de lá, porque, se ele reagir, nós temos ordem de atirar. E, aí, a senhora sabe, pode sobrar bala para todo mundo!

— Espera um pouquinho, pelo amor de Deus!

E voltou para dentro da casa.

— Criançada, é o seguinte: agora, nós vamos brincar de outra coisa.

— De quê?

— Vamos todos ficar de joelho, andar de gatinho e é proibido olhar pra trás! Quem olhar pra trás perde! Nós vamos atravessar a rua, até chegar lá na esquina.

E ela saiu engatinhando na frente e os meninos atrás. Engatinharam quase 100 metros, arrastando os joelhos no chão, e a meninada rindo, achando a maior graça.

Quando viraram a esquina, começou o tiroteio. Um dos meninos logo gritou:

– Tia, abaixa a cabeça! Minha mãe falou que, toda vez que ouvir um tiro, tenho que abaixar a cabeça.

– Tá certo, vamos ficar aqui bem juntinhos, quietinhos, com as cabeças baixas.

E foi um tempão de tiro. Quando acabou e se fez silêncio, ela ouviu uma vozinha curiosa:

– Tia, quem é que ganhou a corrida?

Ela, quase em choque, assustadíssima, tremendo, segurando o choro, ainda conseguiu responder:

– Todo mundo, meu dengo, todos nós!

Educador
é aquele que aprende

Mestre não é quem sempre ensina, mas quem de repente aprende.

João Guimarães Rosa, Grande sertão: veredas

Dona Vanda, também do Baianão, merece um capítulo à parte. Ela apareceu no início do treinamento. Era uma senhora já de certa idade, negra, baixinha, de cabelo branco. Chegou como quem não quer nada e disse:

— Eu queria participar disso.

Expliquei para ela o que era aquilo e ela insistiu:

— Ah! Eu quero participar, sim!

— Olha, a turma vai ter que andar muito, todo dia.

Ela ficou me olhando:

— Está desconfiando de mim? Que eu não tenho condição?

— Não, dona Vanda, é que a senhora já não é uma menina.

— Ah, mas eu dou conta, quero entrar.

— Então, entra na roda. A senhora tem tempo?

— É o que mais tenho. Não tenho ninguém na minha vida, sou viúva, sozinha, não tenho mais família.

E ela começou a participar, e eu de olho nela. Quando fomos

organizar as educadoras para trabalhar na comunidade, a coloquei para trabalhar em dupla com a Tereza. Pensei: não vou deixar a dona Vanda sozinha com os meninos, porque não sei o que ela vai fazer com eles e o que eles vão fazer com ela.

E lá foi ela, trabalhando e ficando minha amiga.

— Dona Vanda, quantos anos a senhora tem?

— Por que quer saber? Isso não interessa.

— Ah, eu acho que a senhora deve ter uns 130 anos!, brincava com ela.

— Que isso? Eu sou nova! Vê se eu tenho idade para ser sua avó?, respondia prontamente.

Passado mais de um ano de experiência, ela falou para mim:

— Não quero mais trabalhar em dupla, quero uma turma só pra mim.

— Mas, dona Vanda, a senhora não sabe ler e escrever direito, a senhora mesmo falou que tem dificuldade. As crianças já estão aprendendo a ler, escrever, fazer contas…

— Eu dou um jeito. E eu quero os meninos mais velhos.

— Mas esses são os mais adiantados.

— Você não confia em mim, né?

— Confio, dona Vanda, é que…

— Então, pronto, me dê uma turma e estamos conversados!

Fizemos um trato: ela ficava com a meninada e a companheira dela ficava por perto, para o que desse e viesse. "Espionando", como falava rindo a dona Vanda. Vânia, nossa educadora, ficava de olho, para ver como ela se arranjava, inventando a própria metodologia.

Um dia, ela juntou os meninos mais velhos, saiu com eles do ponto de encontro, entrou numa rua e falou:

– Meninada, escreve o nome da rua!

– Como é que chama a rua?

– Está escrito ali na parede, olha lá!

O menino olhava lá e escrevia

– Está certo?

– Menino, eu estou com um problema de vista, não estou enxergando direito. Pergunta pra Tereza.

A Tereza falava:

– Está errado, está faltando um R.

E ela:

– Viu? Presta atenção, tem que escrever direito!

E assim ia levando… A vista dela nunca melhorava, estava sempre precisando que alguém olhasse por ela. E os meninos iam escrevendo, lendo, aprendendo e ela foi se alfabetizando, aprendendo com eles e por eles. Virou um *show*.

Eu falava para ela:

– Dona Vanda, esse estilo de trabalhar da senhora é uma pedagogia.

– É?

– Pedagogia da preguiça! A senhora fica só mandando: vai lá menino, pergunta lá…

E ela ria. E, à medida que foi ficando mais à vontade, ela começou ir à escola para ensinar para as professoras a plantar, fazer chás, xaropes, remédios. Ela sabia tudo de planta! Eu digo que ela tinha 130 anos, mas sei lá quantos anos ela tinha mesmo. Sei que ela era uma figura, bonachona, com um sorriso largo, um jeito todo especial. Tenho uma paixão deslavada por essa senhora, preciso confessar!

Mas todas essas mulheres eram muito especiais e estruturaram um trabalho instigante. Quando chegou o 22 de abril de 2000, a grande comemoração dos quinhentos anos, o projeto do descobrimento já havia afundado. As caravelas não saíram, nem chegaram, o negócio naufragou! Só o projeto do Baianão continuou a seguir viagem, estruturando a cada dia seu próprio cais.

A Fundação Orsa nos informou que não teria mais recurso. Resolvemos, então, com as mulheres navegadoras, que precisávamos procurar soluções. Elas se organizaram e criaram uma ONG com 104 mulheres chamada Associação das Mães Educadoras do Baianão (AME). Elas se apresentaram para outras instituições, fizeram parceria com a prefeitura para continuar a tocar o projeto do Baianão e depois começaram a trabalhar com as crianças em outro bairro próximo, o Paraguai.

A Vânia, educadora do CPCD, ficou lá mais um tempo. Eu ia lá de vez em quando. Ajudamos a associação a se organizar, inclusive contribuindo com uma doação durante um período.

Todos os anos, elas comemoravam o aniversário do projeto. Na festa de cinco anos, havia mais de vinte parceiros da comunidade: o dono do botequim, do armazém, da farmácia, o banco, o padre, o pastor, empresas. Elas viraram referência. E sabem o que mais as emocionava? Quando ouviam, ao andarem pelo bairro:

– Aí vem a professora!

Em 2009, a associação ganhou o prêmio Itaú-Unicef como instituição de pequeno porte. Algumas daquelas mulheres foram para faculdade fazer pedagogia e a AME está lá firme até hoje.

Para nós, foi extraordinário perceber, a partir da AME, do

Baianão e também da Associação dos Moradores do Bairro Resistência, de Vitória, que a gente conseguiu criar um ciclo completo de emancipação dessas instituições da comunidade. Porque elas continuam atuando, de forma independente, captando recursos, criando alianças e outras formas de convivência com os poderes constituídos.

Do ponto de vista do aprendizado, da reflexão sobre as nossas práticas e da nossa relação com as comunidades, essas experiências foram fundamentais e continuam, até hoje, sendo referência para nós.

São histórias emblemáticas da nossa vida, que eu lembro com muito carinho.

O lado B

Uma coisa é pôr ideias arranjadas, outra é lidar com país de pessoas.

João Guimarães Rosa, Grande sertão: veredas

Por volta de 2002, fui convidado pelo Ministério da Justiça para ir a Brasília participar de algumas discussões sobre juventude, violência e cidadania. Colocaram-me numa sala muito confortável, ligaram o PowerPoint e me apresentaram um diagnóstico sobre jovens do Brasil de 15 a 25 anos. Era um diagnóstico de quarenta minutos, com estatísticas, números e mapas. Mostrava onde moravam, estudavam, viviam os jovens. Dava para saber tudo: cor da roupa, cor do cabelo, cor do sapato, cor da pele, o tanto de dinheiro no bolso, os sem dinheiro... tudo. E, no final, havia duas perguntas que orientavam o diagnóstico: como essa juventude se matava? Como essa juventude era morta? E vinha todo o diagnóstico das coisas que matam, das armas brancas, pretas, amarelas e azuis, do trânsito, das drogas quase todas (maconha, *crack*, cocaína... mas não tinha droga pesada como *Big brother Brasil*). Enfim, quando terminou, um técnico disse:

– Esse é o diagnóstico, o que você nos sugere?

– Pode mostrar o outro lado, o lado B?

– Como lado B?

– O lado B. Não tem lado B? Eu sou de um tempo que todo disco tinha o lado A e o lado B.

– Ah, mas isso não é disco e não tem lado B.

– Quer dizer que vocês gastaram uma nota, vasculharam o Brasil inteiro, fizeram uma pesquisa desse porte, um diagnóstico com essa quantidade de gente, para mapear e para saber como é que meninos e meninas de 15 a 25 anos matam e morrem? Vocês não tiveram a curiosidade de perguntar como é que eles vivem, com que sonham, o que desejam, almejam, pensam do mundo?

O técnico respondeu, ainda sem entender meu ponto de vista:

– Não era o objetivo, porque nós queremos fazer um projeto nacional para a juventude.

– Se o Estado só olha a juventude como potencial consumidor de drogas e praticante de violência, nós estamos lascados.

Aquele dia, eu aprendi e me posicionei:

– Companheirada, obrigado pelo convite, desculpa, mas estou fora! Me interessa pouquíssimo olhar pelo lado vazio do copo. Não me interessa fazer diagnóstico de fracassos, de carência. Só me interessa olhar e aprender o lado cheio do copo, o lado B, o lado da potência.

Então, toda vez que eu ouço "jovem em situação de risco", "população vulnerável", "jovem carente", penso: lá vem o lado A! Quem? Carentes, vulneráveis, em risco somos todos nós!

"Carentes", a gente ouve muito. Quem são os carentes deste país? Somos todos nós, não é? Carentes de ética na nossa política, carentes de dignidade em nosso Parlamento e Judiciário, nas nossas lideranças. Carente sou eu: meu time passou quarenta anos sem ganhar um título. Isso não é importante para os outros, mas, para mim, era! Essa carência já acabou, até que enfim.

Carência é um ponto de vista. Essa forma de classificar o outro a partir de um viés, de um único lugar é, no mínimo, discriminatória. É uma herança de uma antropologia que ainda olha o outro a partir do evolucionismo, quando estávamos saindo dos inferiores para os superiores, e os considerados superiores são homens, brancos, loiros, cristãos, capitalistas, europeus e ricos. E o resto, tudo o que não se encaixa nesse modelo, é parte de uma escada. Isso se reproduz no dia a dia, nas relações e nos conflitos, nos dias de hoje e em todos os países. Quem são os excluídos? Eles têm cor, têm sexo, têm endereço, nós sabemos onde encontrá-los. Eles são catalogados, encaixados dentro de uma lógica perversa. Fizemos da diferença desigualdade. Fizemos o outro ser menor, pior, menos, por ser diferente, para dominá-lo. Infelizmente.

De nada adianta saber qual é o IDH (Índice de Desenvolvimento Humano) do país. Ele mede carência, foca no lado vazio do copo. A mim me interessa, e deveria ser objeto de interesse de todos os que atuam em políticas públicas, aprender de cor e salteado qual é o **IPDH (Índice de Potencial de Desenvolvimento Humano),** o lado cheio do copo, das pessoas e da sociedade onde vivemos.

Todas as políticas públicas que se baseiam no IDH não são transformadoras. São, no máximo, reformistas. Alegorias e adereços que não alteram o samba-enredo da vida das pessoas, porque elas partem do princípio do copo vazio, e um copo vazio só se enche de fora para dentro. O conteúdo de fora, trazido para encher o copo, acaba no consumo, some no meio do caminho, não se mistura, e, quando evapora, voltamos à mesma situação – às vezes pior.

Nós precisamos aprender que, se queremos trabalhar para a cidadania, e não simplesmente para o mercado consumidor, temos que olhar as pessoas, as comunidades e as cidades pelo lado cheio do copo. Não é o IDH, mas sim o IPDH, que deve ser visto, medido, percebido, canalizado, para gerar transformação em qualquer comunidade.

Baseada nesse conceito e nessa prática, nasceu, para nós, outra pedagogia: a **pedagogia do copo cheio.**

E o que nos propomos a fazer, esses anos todos, é medir o IPDH. E como conseguimos fazer isso? Trabalhamos e sistematizamos ferramentas para o nosso uso. Para medir o IPDH, você tem que ver, perceber qual é a capacidade que existe em qualquer lugar de:

acolhimento, ou seja, ninguém fica de fora; não se pode perder nenhum, porque colo todo mundo precisa, seja natural, seja artificial ou social;

convivência, viver com o outro, com o diferente e não contra o outro;

aprendizagem, aprender tudo, de todos e todo o tempo;

oportunidade, quantas oportunidades nossos jovens precisam ter na vida para fazer as melhores escolhas? Não são cinco, dez, mas centenas, milhares, para que eles possam escolher as melhores. Quanto mais reduzidas as oportunidades, mais limitado o leque de escolha.

Se você observar estas palavras – acolhimento, convivência, aprendizagem, oportunidade –, verá que elas formam ACAO e, se colocar uma cedilha e um til, vai virar AÇÃO. É como se olha pelo lado luminoso.

Isso nos motivou a pensar e olhar para a comunidade e olhar a educação como instrumento de formação de cidadania por essa perspectiva. Pela inclusão de todos, não pela exclusão.

Sementinha na cidade grande

Qualquer sombrinha me refresca.

João Guimarães Rosa, Grande sertão: veredas

A Cleuza Repulho, que virou nossa amiga, saiu da Fundação Orsa para ser Secretária de Educação da cidade de Santo André, em São Paulo, no mandato do prefeito Celso Daniel. Ela nos contou que havia cerca de 3 mil crianças na faixa de educação infantil, de 4 a 6 anos, que precisavam de atendimento. Elas moravam nas periferias da cidade e a prefeitura não tinha recursos para construir creches para todas.

Creches pareciam ser a única forma de atendimento da primeira infância na educação infantil.

Como conhecia o nosso trabalho, que era o oposto disso, ela nos desafiou a implantar o Sementinha em Santo André. Lá fui eu conversar com o Celso Daniel:

– Olha, é uma escola debaixo do pé de manga...

– Eu não tenho nem pé de manga, entendeu? Eu tenho casas nas comunidades que são bairros, favelas de aglomeração. Do que você precisa?

– De gente.

– Gente eu tenho de mais. Que tipo de gente?

– Gente disposta a aprender e a trabalhar.

– Precisa de levantamento de currículos?

– Não, pelo contrário. Quero gente com tempo e disponibilidade para aprender.

– Pode ser qualquer pessoa?

– Pode, inclusive as que não têm curso superior.

– Melhor ainda. Eu tenho uma lista das frentes de trabalho. Você pode usar.

Naquela época, o governo federal tinha uma política de frentes de trabalho que liberava recursos para as prefeituras contratarem serviços temporários, de três ou seis meses, para as pessoas trabalharem em serviços gerais, limpeza de rua etc. Ele ficou muito assustado, porque em Santo André havia uma lista enorme.

– Posso pegar do final, em vez de começar pela frente?

– Melhor ainda, porque eu não consigo chegar ao final da fila. Eu só atendo os primeiros: quem tem mais título, o mais escolarizado…

Separamos as pessoas do final da lista e as chamamos para uma formação. Elas seriam selecionadas pela motivação e condições para o trabalho. Não esqueço que o primeiro dia de encontro, em uma comunidade de Santo André, foi exatamente no dia 11 de setembro de 2001, o dia do ataque às Torres Gêmeas. O porteiro estava vendo televisão e me chamou:

– Moço, vem cá, que a terceira guerra mundial começou.

– Como assim?

– Vem cá ver na televisão!

E vi as torres caindo e pensei: o que será de todos nós? Nunca mais esqueci disso: a cara do porteiro vendo numa televisãozinha o que parecia para ele o desabamento do mundo.

Mas seguimos com a formação. Fazíamos quatro semanas direto, dia inteiro, e, ao final, selecionamos as pessoas. Já durante as instruções, a gente mapeava e definia os espaços e construía os PTAs (Planos de Trabalho e Avaliação). Havia uma equipe da Secretaria de Educação que trabalhava conosco. Ao final da seleção, as mulheres das comunidades foram contratadas para serem educadoras. Anos depois, constituíram-se em uma pequena associação.

A Secretaria Municipal de Educação de Santo André indicou o Ronnie Corazza, que é arte-educador, para ser coordenador do projeto pela prefeitura. Ele reuniu uma equipe de educadoras, de gente ligada à universidade, com a qual eu fazia o trabalho de formação. Essa equipe, de vinte pessoas, coordenava o grupo das mulheres educadoras nas comunidades. Chegamos a ter quase 150 educadoras. Fizemos isso durante toda a gestão do Celso Daniel. A Ednalda Santos, educadora do CPCD, morou lá durante esse tempo, para acompanhar as ações.

Esse grupo construiu um jeito de fazer os indicadores de qualidade do projeto junto com a comunidade, criando produtos e formas muito interessantes. Eles faziam exposição dos indicadores em praça pública, levavam as pessoas a construir juntos, circulavam com os meninos de lá para cá, montavam um grande circo para realizar *shows*, eventos, apresentar os meninos.

Quando mudou a política, com a eleição da oposição, foi decretado o fim do projeto. O que eles podiam fazer era manter os profissionais da prefeitura; então, encerraram oficialmente o Sementinha. Dispensaram as educadoras dos bairros, mas elas continuaram se articulando, fazendo eventos, inventando moda.

Em determinado momento, eles conseguiram abrir novamente espaço com a Secretaria de Educação e até hoje, pelo que sei, mantêm grupos, ocupam espaços de destaque, como o Centro Cultural e alguns departamentos da prefeitura.

Algumas mães de Santo André se apropriaram do nosso jeito de ser e de fazer. Numa roda de avaliação, uma delas, a Maria José, nos contou o que tinha vivido. Ela chegou no primeiro dia com uns vinte meninos e pensou: "O que é que eu vou fazer aqui? Esqueci tudo! Não estou lembrando de nada do repertório trabalhado na formação: brinquedos, jogos, dinâmicas".

Ela teve um branco. A salvação era fazer o que tinha aprendido no primeiro dia de roda: a gente se apresenta e, enquanto isso, vai lembrando o que tem que fazer.

– Menino, como é o seu nome?

– Pedro.

– Fala mais de você, do seu pai, da sua mãe, do seu papagaio... Quantos irmãos você tem?

Resultado, ao final do dia, ela não tinha chegado no final da roda. Então, no dia seguinte, tinha que continuar. No terceiro dia, ainda tinha assunto. No quarto, os meninos pediram:

– Ô tia, agora conta da senhora?

E fizeram uma perguntação danada! E foi um dia inteiro falando sobre ela, e no dia seguinte também. Ela era pernambucana.

– Professora, repete pra nós como era acordar com os bodes berrando. Como era na sua terra?

Depois de um mês, as outras mães perguntaram:

– O que você tem feito?

– Nada, tenho falado da minha vida! É o único assunto que eles querem saber. De onde que eu vim, o que eu faço, como era a comida, como era a seca, como é o mandacaru, como é tirar leite de cabra no meio da caatinga. Já contei a minha história umas dez vezes.

E aí ela virou uma estrela para os meninos, porque ela era boa de contar histórias. Ela virou uma história, um conto de fadas, em que era a personagem principal. E esses meninos queriam saber cada dia mais…

— Agora, só se eu inventar!!!

Por causa disso, os meninos ficaram fascinados por ela. Criaram uma relação tão forte que o que ela pedia eles faziam, aonde ela ia, eles iam atrás.

— Se eu mandar todo mundo pular aqui, todo mundo pula.

Ela virou uma heroína. E ela perguntava pra gente:

— Será que está certo?

— Minha filha, se não estiver certo isso, o resto está todo errado.

Quem dera todos as educadoras conseguissem construir uma relação com esse nível de afeto e cumplicidade!

Eram experiências pessoais muito fortes. E, para mim, isso é fundamental. São essas histórias que me inspiram.

No grupo instalado nas proximidades do centro da cidade, perto de lojas, trânsito carregado, havia um problema sério com a criançada. Os meninos ficavam zanzando por ali, pedindo coisas, entrando e saindo das lojas e até praticando pequenos furtos. Os lojistas chamavam a polícia.

A pergunta era:

— Por que você não leva esses meninos para outro lugar?

— Eles moram por aqui, em albergues, cortiços… Não, nós não vamos tirar eles daqui.

Essa turma que frequentava bares, restaurantes, lojas queria policiamento, repressão. Com algumas reuniões, a gente convenceu alguns deles que poderiam fazer o contrário: ter uma relação mais respeitosa com a meninada. E fizemos uma campanha com um cartaz, com um desenho bonitinho: aqui se acolhe criança.

E ficou combinado que, onde tivesse aquela placa, o menino podia ir lá e pedir: água, ir ao banheiro, dar um telefonema, sentar.... Vários comerciantes colocaram essa placa na frente do seu comércio e os meninos foram percebendo que esses lugares eram de gente boa e não havia problema nenhum em frequentá-los. Essa é a lógica: quando se é acolhido, você devolve com cuidado, e assim os meninos não faziam nenhuma malvadeza, nenhuma sacanagem.

O caso de Santo André é emblemático para nós, porque foi uma experiência bem-sucedida com o poder público. A prefeitura se apropriou da proposta e incorporou-a ao seu programa. E também porque, na época, havia uma crítica aos nossos projetos, com a alegação de que eram muito bonitos, referenciais, mas que não se aplicavam a uma cidade grande, eram destinados para cidades pequenas, para a zona rural.

Estar em um grande centro urbano, mantendo-nos fiéis à nossa metodologia, à roda, aos processos, e construindo grandes resultados, foi muito importante para nós, para responder na prática a essas questões.

O trabalho do Sementinha junto com a prefeitura de Santo André foi uma experiência extraordinária de envolvimento e participação da comunidade, mas principalmente de formação de educadores, que tiveram papel fundamental nesse trabalho, construíram uma trajetória singular, que até hoje sobrevive, apesar das mudanças políticas e climáticas.

A medida da transformação

Eu conto. O senhor me ponha ponto.

João Guimarães Rosa, Grande sertão: veredas

A equipe do CPCD sempre trabalhou seus programas de educação popular e de desenvolvimento comunitário, assim como seus projetos específicos, como o Sementinha, o Ser Criança, o Bornal de Jogos, as Fabriquetas, Agentes Comunitários de Educação etc., como processos de permanente apreensão, compreensão e devolução.

Uma das maiores dificuldades que enfrentávamos dizia respeito ao quesito "indicadores de avaliação dos nossos projetos".

Esse problema (que não era só nosso e ainda aflige e compromete o trabalho das OSCs e da grande maioria dos projetos sociais e de intervenção comunitária) passou a ser um desafio permanente da equipe. Entre as muitas questões que a gente formulava, havia a seguinte: se entre os objetivos específicos de nossos projetos apareciam desenvolvimento de autoestima, socialização, aprendizagem lúdica, alegria, prazer etc., como poderíamos medir concretamente o alcance (ou não) desses objetivos? Houve aumento ou diminuição da autoestima? Qual o grau e a qualidade de socialização alcançados? Os participantes do projeto estão felizes?

Não existiam indicadores elaborados e concretos para medir os chamados "objetivos intangíveis". Por outro lado, havia (e ainda há), por parte das agências financiadoras de projetos, uma crítica à falta de critérios palpáveis e tangíveis na avaliação dos projetos sociais.

Resolvemos encarar de frente esse desafio e começamos a construir os nossos indicadores.

Num primeiro momento, e lá se vão alguns anos, buscamos, junto com os educadores e educadoras, na observação diária e sistemática de nossas crianças e jovens, os pequenos avanços e respostas (sorriso x choro, envolvimento x desinteresse, limpeza x sujeira, delicadeza x agressividade...).

Essas questões surgiam em nossas memórias de campo e relatórios técnicos e avaliações. Aos poucos, fomos formando uma massa crítica, constituída de elementos que indicavam se os objetivos propostos estavam ou não sendo alcançados e como.

Surgiu assim o que denominamos "microindicadores". Por exemplo: são indicadores de autoestima o cuidado com o corpo (cabelos penteados, constância dos banhos, uso de batom...). O cuidado com as roupas e os objetos pessoais, as pequenas vaidades, a busca de melhor estética, a expressão de opinião e de gostos, o protagonismo na roda, a disponibilidade para ajudar e participar de ações coletivas, a relação sorriso x choro.

Todos esses elementos palpáveis e perceptíveis no dia a dia formavam um indicador mensurável. Assim fizemos com todos os objetivos específicos: a aprendizagem, a socialização, a cidadania, a participação.

Esse acúmulo de experiências e reflexões nos mostrou que podíamos, a partir dessa base, construir macroindicadores que pudessem balizar nossos projetos. Depois de muito trabalho, conseguimos, por consenso, chegar a doze índices. Recentemente, por causa da atuação na Casa Familiar Rural (CFR) de Bom Jesus das Selvas, no Maranhão, incluímos mais um.

Nós os chamamos de "Indicadores de Qualidade de Projeto" (IQPs). Segundo nossa perspectiva, se pudermos medir (e aferir concretamente) esses índices em nossos projetos, podemos afirmar se temos ou não um projeto de qualidade.

Dessa forma, o conceito de qualidade praticado pelo CPCD passou a ser formado pelo somatório e interação de treze índices, que se completam, mas podem ser observados e mensurados individualmente.

A partir dessa matriz, elaboramos uma série de perguntas. A ideia é formular tantas perguntas quantas sejam necessárias para levar o participante (educador, educadora, criança, jovem, pais) a perceber, nas atividades do projeto, a presença qualitativa e quantitativa do indicador buscado na prática. Após responder a essa bateria de questões sobre cada indicador, o participante dá uma nota de 0 a 10 para esse quesito. Assim, conseguimos juntar e visualizar informações qualitativas e quantitativas que nos permitem fazer uma avaliação mais consistente de nossos projetos.

Foi assim que construímos os IQP. Eles são avaliados em cada um de nossos projetos, tomando uma amostragem equitativa e representativa dos participantes.

Na mesma linha e respondendo à mesma necessidade, construímos outra ferramenta: o **Monitoramento de Processos, Resultados e Aprendizagem (MPRA)**. Essa tecnologia serve para acompanhar o desenvolvimento do dia a dia dos projetos, como um plano de voo que precisa ser monitorado permanentemente, visando a possibilidade de correções de rumo necessárias e a mitigação dos processos e impactos negativos. Para tal, formulamos dez perguntas que são feitas periodicamente para todos os envolvidos no projeto.

Apropriação: equilíbrio entre o desejado e o alcançado.
Convida-nos a dar tempo ao tempo, a não fazer do estresse um instrumento de ensino forçado, a respeitar o tempo de aprendizagem e o ritmo de metabolização do conhecimento de cada um.

Coerência: relação teoria/prática.
Aponta a importância da relação equilibrada entre o conhecimento formal e acadêmico e o conhecimento não formal e empírico. Mostra-nos que ambos são importantes porque são relativos, nenhum superior ao outro, mas complementares.

Cooperação: espírito de equipe, solidariedade.
Instiga a operar com o outro, nosso parceiro e sócio na mesma empreitada, que é o ato educativo.

Compaixão: oposto à indiferença.
Disponibilidade para o auxílio, altruísmo, a ternura e a solidariedade.

Criatividade: capacidade de inovação.
Estimula a criar o novo, sair dos caminhos obsoletos, ousar andar na contramão do academicismo pedagógico bolorento e buscar soluções criativas e inovadoras para resolver velhos problemas.

Dinamismo: capacidade de autotransformação segundo as necessidades.
Propõe que nos vejamos sempre como seres repletos de necessidades e em permanente busca de complementaridade. Viemos ao mundo para ser completos, e não para ser perfeitos, que é atribuição do Divino.

Eficiência: equilíbrio entre o fim e a necessidade.
Propõe equilibrar as nossas energias, adequando os meios e recursos aos fins estabelecidos. Aprender a ser, aprender a fazer, aprender a conhecer e aprender a conviver são os quatro pilares da aprendizagem.

Estética: referência de beleza e gosto apurado.
Fala-nos do bom gosto e da busca do lado luminoso da vida. Se a estética é a ética do futuro, segundo Domenico di Masi, precisamos reconstruir o conceito de estética que incorpore a luminosidade de todos os seres humanos, fontes e geradores de luz e de beleza.

Felicidade: sentir-se bem com o que temos e somos.
Aponta para a intransigente busca do ser feliz (e não do ter) como razão principal do existir do ser humano.

Harmonia: respeito mútuo.
Conclama à compreensão e à aceitação generosa do outro (meu igual, mas diferente) como a contraparte do nosso processo de aprendizagem permanente e a incorporação dos tempos passados e futuros ao nosso presente.

Oportunidade: possibilidade de opção.
Apresenta o conceito contemporâneo de desenvolvimento = geração de oportunidades, como meio e alternativa de construção de capital social. Quanto mais oportunidades formos capazes de gerar para as crianças e adolescentes participantes de nossos projetos, mais opções eles terão para realizar suas potencialidades e suas utopias.

Protagonismo: participação nas decisões fundamentais.
Aborda nossa possibilidade, sempre presente, para assumir os desafios, romper barreiras, ampliar os limites do possível, disponibilizar nossos saberes-fazeres-e-quereres, estar à frente do nosso tempo e participar integralmente da construção dos destinos humanos. O que cada um pode fazer.

Transformação: passagem de um estado para outro, melhor.
Traduz a nossa missão de passageiros pelo mundo, de inquilinos do Paraíso, de propiciadores de mudanças, cuja responsabilidade é deixar para as gerações presentes e futuras um mundo melhor do que aquele que encontramos e do que recebemos de nossos antecessores.

Monitoramento de Processos, Resultados e Aprendizagem (MPRA)

- Quantos iniciaram a atividade e/ou o projeto? Quantos concluíram?

- Quanto tempo gastamos para realizar a atividade e/ou o módulo previsto? Foi suficiente?

- Quantos produtos e/ou materiais de apoio e/ou de aprendizagem foram criados? Eles atendem aos objetivos do projeto?

- O que foi feito que evidencie ou garanta que atingimos os objetivos propostos?

- Como as atividades foram realizadas? Foram lúdicas? Inovadoras? Educativas?

- O que pode ser sistematizado? É possível construir uma teoria do conhecimento, já?

- O que necessita ser ainda praticado para alcançar os objetivos propostos?

- Se o projeto se encerrasse hoje, ele estaria longe ou perto dos objetivos propostos?

- Há necessidade de correções de rumo? Nas atividades? Na metodologia?

- O prazer, a alegria e a vontade em relação ao projeto aumentaram? Diminuíram? Por quê?

No ritmo da escuta

Não é só no escuro que a gente percebe a luzinha dividida?

João Guimarães Rosa, Grande sertão: veredas

Certa feita, fui convidado pelo grupo AfroReggae para trabalhar com eles no Rio de Janeiro. Eles me disseram:

– A gente entende muito de música, mas de educação não entendemos bulhufas. Você pode nos ajudar?

Então, fui visitá-los. Andei com eles para lá e para cá, para a Cidade de Deus, Parada de Lucas, e, um dia, me disseram que iríamos visitar o projeto deles lá em Bangu. Entrei no carro, e eles:

– Você não vai perguntar nada, não?

– Eu? Não.

– Você sabe onde é Bangu?

– Não, mas sei que é na periferia do Rio.

– Você nunca ouviu falar de Bangu?

– Já, do time de futebol.

– Acho que o time até acabou.

– Então, não sei mais nada.

Eles ficaram meio invocados porque eu não perguntava mais nada. Pararam o carro na frente de um prédio cercado por um muro bem alto.

– Gente, mas que muro alto! Isso aqui parece uma cadeia.

– É cadeia!

– Mas está escrito ali: "Educandário Santo Expedito".

– É o nome da cadeia.

– Ô gente, o santo deve estar mal na praça!

– Aqui ficam os caras guardados de 18 a 21 anos.

– O que vocês vão fazer aí?

– Oficina de música.

– Opa, vamos lá!

– Mas tem que ser em turmas separadas, senão eles se matam. Se juntar o Terceiro Comando com o Comando Vermelho...

– Vamos lá.

Fiquei de longe, só observando. Estava querendo apreender aquele cenário, aquele ambiente. E aí o cara da oficina de música anunciou:

– Gente, é para pegar aqui, quem quiser escolher: tamborim, surdo etc.

Era um monte de instrumentos. Depois que todo mundo tinha pegado o seu, o pessoal da oficina dava as coordenadas.

– Então, seguinte: na hora que eu fizer isso, você faz isso, você faz assim, você faz desse jeito... Tudo certo? Então, vamos lá: um, dois, três, quatro... *pum*.

E eu percebi que um jovem que tocava surdo não conseguia seguir as orientações do instrutor, que mandava fazer *bum*,

bum, *bum*, *bum* e ele fazia *bububu*, batendo no tambor de qualquer jeito. O instrutor ia lá, pegava na mão dele, batia junto, as coisas começavam a melhorar, mas logo o moço desandava de novo. Muito nervoso, o instrutor passou do meu lado e disse:

– Esse menino está atrapalhando a banda.

– Atrapalhando o quê?

– O cara não acerta!

– Meu filho, o que tem que estar certo aqui? Bobagem! Que importância tem essa música num lugar horroroso desse!

– Eu vou parar e trocar ele de lugar.

– Ah, você não pode fazer isso, não!

– Mas ele está me atrapalhando!

– Tocar certo, errado, aqui? Importância zero! Deixa ele tocar!

– Mas a oficina não vai dar resultado.

– Grande coisa que a oficina não vai dar resultado! Eu estou preocupado com outras coisas. Vamos tentar de novo.

Mas o rapaz não conseguia acompanhar. O oficineiro ficou chateado com as minhas intervenções, mas não trocou o rapaz de lugar. No final, ele disse:

– Você viu? Tudo errado!

– Tá, mas, se você trocasse aquele cara, teria que mudar outros. E, como não trocou, você não pode fazer isso. Vamos voltar aqui amanhã. Você não tem alguém lá do AfroReggae, da idade dele, que sabe tocar e que a gente pode infiltrar aqui no meio?

– Ah, tem!

– Vamos trazer? Mas não vamos falar nada pra ninguém.

Traz o menino e ele toca, tá?

No dia seguinte, voltamos com um músico jovem, que, inclusive, se parecia com o menino, com o cabelo cortadinho e tudo. A orientação era clara para o nosso infiltrado:

– Você vai tocar surdo perto daquele cara. Na hora que ele pegar o surdo dele, você começa. Não fala nada, só toca junto.

E era muito interessante ver os dois tocando surdo ao mesmo tempo. Cada um o seu. O menino do AfroReggae começou cheio de malemolência. E o outro não sabia o que fazer. Se olhava para a mão, para o pé, ou se tocava o surdo; quando fazia alguma coisa, não conseguia fazer outra. Mas ele insistiu. Uma hora caiu a ficha. Ele entendeu que tinha que olhar para a mão e em quinze minutos estava garantindo o básico. Depois de 45 minutos, já estava cheio de graça, os olhos brilhando!

Quando terminou a oficina, fui pra cima dele:

– Cara, você arrasou!

Ele ficou olhando para mim, espantado. Continuei:

– Desse jeito, você vai tomar o lugar do rapaz aqui na banda.

– Moço, sabe o que eu queria? Queria que a minha mãe me visse tocando.

Pensei: não mereço, é mamão com açúcar, não é? No meu colo! Chamei o instrutor e pedi:

– Cara, traz a mãe dele! Essa oficina só faz sentido se for para as mães. Traz as mães.

E aí abriu toda a história. Aquele menino tinha uma ficha criminal de dez páginas: morte por faca, punhal, revólver... Ele nunca tinha tocado nenhum instrumento na vida. Não era coordenação motora o que ele não tinha, ele não tinha era sentido, o para quê. Ele queria se mostrar útil para a mãe, que ele era capaz de fazer alguma coisa além do que constava em sua ficha. E aí tudo se liga, é onde está o sentido da vida para algumas pessoas.

Aquele menino foi perdendo tudo, perdeu liberdade, perdeu amigos, mas ele queria, um dia, mostrar para alguém que era capaz. Não era para o pai, nem para os irmãos. Era para a mãe, o útero dele, de onde ele veio, de onde a gente saiu, e, um dia, quer voltar, o paraíso. O Drauzio Varella descobriu que no Carandiru o preso decidia que ia ter uma rebelião quando descobria que sua mãe não ia mais voltar, o *link* dele para o sentido da vida tinha ido embora. Não era com o pai, com os irmãos. Isso é da natureza, é biológico, da nossa ancestralidade.

Aquilo foi uma piscadela, o momento em que você pode descobrir algo sobre alguém. O que você não pode é deixar escapar, o tempo de como agir e o ritmo do tambor.

Na Bahia-Minas:
Estação Araçuaí

Os gerais correm em volta.
Esses gerais são sem tamanho.

João Guimarães Rosa, Grande sertão: veredas

Na década de 80, eu dei aula na PUC de Belo Horizonte. A universidade participava do projeto Rondon e mantinha um *campus* avançado em Araçuaí, no interior de Minas Gerais, para onde fui várias vezes como professor, acompanhando alunos. Foi quando tomei contato com uma turma que depois veio fazer parte da nossa história: Lira Marques, Zefa, os Trovadores do Vale, Sá Luiza, Adão, o pessoal do Arraial dos Crioulos, Valdemar do Arraial, Frei Chico, a Irmandade do Rosário dos Homens Pretos. Foi muito marcante na minha vida ter convivido com eles.

Depois, fiquei muito tempo afastado, porque o Vale do Jequitinhonha se transformou em moda, na "bola da vez" dos interesses especialmente das universidades e de muita gente que foi para lá fazer pesquisa.

Esse meu afastamento acabou em 1998.

Já pelo CPCD, fomos convidados pelos funcionários da Natura a implantar, no Vale do Jequitinhonha, o projeto Ser Criança, para beneficiar a vida de cem crianças, por três anos. Replicar um projeto exitoso e premiado parecia algo simples.

Topamos a proposta, mas tínhamos uma condição: havia que ser em Araçuaí.

— Mas por quê?

— Porque daqui a três anos vocês vão embora, eu fico, e tudo o que acontece em Araçuaí se reflete na região. E tem mais: é uma cidade que foi fundada por uma mulher cento e tantos anos atrás.

— Que mulher é essa?

— Ela se chamava Luciana Teixeira e era dona de um armazém e de um bordel na curva do rio Araçuaí. Foi expulsa da cidade pelo padre por mau comportamento. Ela desceu o rio e montou o bordel na outra margem. Pois bem, o bordel foi crescendo, foi atraindo gente e foi se formando uma vila ao redor dele, com força de virar cidade. Um dia, o padre teve que se mudar também, porque os paroquianos já haviam se bandeado para o outro lado do rio fazia muito tempo.

Isso é que é ser empreendedora. Essa mulher, com seu bordel, fundou uma cidade! Depois dela, o lugar foi dominado por coronéis dos mais tacanhos e, no fim dos anos 1990, outra mulher assumiu o poder, agora como prefeita.

— Que mulher é essa?

— Uma mulher negra que rompeu com toda a lógica local.

— Tem mais?

_ Tem, sim. Ela tem um metro e meio de altura quando está de salto e se chama Cacá.

— Tem mais?

— Tem, sim. Ela foi minha aluna.

— Então, pergunta para a Cacá se ela quer esse projeto.

Cacá topou, claro!

O Ser Criança era um projeto maduro e eu precisava formar um grupo de educadores para trabalhar com cem meninos durante esses três anos. Previmos recursos, juntamos as pessoas e formamos um time muito bom.

Pedimos emprestado uma sala no Colégio Nazaré para o treinamento. Na primeira tarde, encontrei uma senhora que era a nova diretora do colégio, a irmã Ana da Glória. Recém-chegada, estava conhecendo as instalações. Contei para ela a história do projeto e que estava procurando um lugar para trabalhar com os meninos. Ela disse que tinha um galpão velho subutilizado ali mesmo. Até hoje, aquele galpão é a sede do Ser Criança.

Quando se encerrou o apoio da Natura, eu tinha mais de cem meninos no Ser Criança. E as encrencas só estavam começando. Felizmente!

De repente, um coro

Agora eles estavam arrumando o mundo de outra maneira.

João Guimarães Rosa, Grande sertão: veredas

O projeto tinha quase um ano, as coisas indo bem, os meninos achando ótimo, os pais agradecendo. Disse a eles que não precisavam nos agradecer, mas sim ao pessoal da Natura, que estava pagando a conta e garantindo a manutenção do programa.

Então, cada grupo de crianças começou a produzir seus mimos: bonequinhas, poesias, desenhos, coisas para a gente mandar para os funcionários da Natura. Uma das educadoras disse que estava ensaiando um pequeno coral com os meninos e que podíamos ir a São Paulo agradecer com cantoria.

Achei a proposta ousada e fui ouvi-los cantar. Levei um susto: era tudo muito desafinado! Eles ficaram frustrados, pois se achavam o suprassumo. Disse a eles que a ideia era boa e que, se quisessem mesmo aprender a cantar, eu ia atrás de quem sabia dessas coisas. Toparam. Falei com a Regina Bertola, minha companheira, que também topou levar uma equipe do grupo Ponto de Partida[6] a Araçuaí para dar uma oficina, avaliar a musicalidade, a potencialidade desse coro.

---

6 O grupo Ponto de Partida é uma das principais companhias brasileiras de teatro. Sediado em Barbacena, Minas Gerais, foi fundado em 1980. Coleciona espetáculos e prêmios expressivos em âmbito estadual e nacional.

Araçuaí fica a 750 quilômetros de Barbacena e mais uns 10 graus de diferença, mas eles foram, e ficaram impressionados! Com a musicalidade das crianças e das educadoras, com as dificuldades, com as carências, com as potencialidades. Não haveria seleção. Havia crianças que cantavam muito e aquelas que mal abriam a boca. Era preciso muito, muito trabalho, e com prazo para ser concluído. Então, a Regina me disse que, se fosse para levar um bando acanhado de meninos vestindo camisetas com o nome do projeto para todo mundo ficar com pena, ela estava fora. Mas, se eu topasse, ela ia convocar os atores, os músicos, os figurinistas do Ponto de Partida, e as crianças iam chegar arrasando em São Paulo. Prontas para os aplausos. Eu topei, e ela começou a providenciar o milagre.

Regina chamou os atores que estavam em Araçuaí para preparar o coro e foi taxativa:

– A gente não dá conta dessa tarefa de jeito nenhum, mas o encantado dá. Se vocês toparem ensaiar de personagem, a coisa vai andar.

Assim, a equipe que ensaiava e cantava com os meninos era formada por um palhaço, um anjo, três gnomos, um músico e a Regina. E danaram a cantar, a cantar, a dançar, a se soltar, a se divertir, a perder o medo, a tomar posse do encantado. O Ponto convidou os arquitetos Tereza Bruzzi e Alexandre Rousset para criar os figurinos. Uma lindeza! As costureiras de Araçuaí e Barbacena entraram na roda. Os meninos fizeram um embornal para colocar os presentes que confeccionaram para levar como surpresa. O salão do Colégio Nazaré foi coberto por espelhos para que as crianças pudessem ver sua beleza vestida em figurinos coloridos e a exuberância dos seus cabelos encaracolados penteados de todas as maneiras possíveis. Pura emoção!

Foi uma produção de primeira! Um ônibus para o pessoal do Ponto de Partida e outro para a turma de Araçuaí. Foram os meninos junto com todas as educadoras, que também cantavam. Alguns pais diziam que São Paulo era perigoso; outros, que era um sonho. Foi uma efervescência esse evento! A Cacá foi também. Uma rebordosa. De Araçuaí a São Paulo são mais de 1.000 quilômetros de estrada, as crianças fazendo sua primeira viagem. Imagina a aventura!

Ficamos hospedados em um colégio, tudo em segredo. A Valquíria, da Natura, que era a única que sabia da cantoria, estava preocupadíssima, porque tinha certeza de que a segurança ia impedir a entrada de toda essa gente.

Nós éramos pura confiança:

— Fica na portaria, Valquíria, e você vai ver!

Às 17 horas em ponto, quarenta crianças lindas, palhaço, anjo, gnomos, músicos chegaram cantando: "Tá caindo fulô ê ô, tá caindo fulô...", e as caixas de congada tocando, tambores. E tome chuva de pétalas de rosas e tome sorriso e tome alegria. Os seguranças retiraram as catracas, abriram as portas de par em par e, pela primeira vez, os Meninos de Araçuaí invadiram a Natura.

Quando subimos as escadas cantando e ocupamos um espaço central, as pessoas que estavam nas baias de trabalho foram levantando e juntando, juntando, e a meninada mandando ver. No momento combinado, a música parou e eu anunciei que aquele era o presente que os meninos vieram trazer.

— Que meninos são esses?

— Os meninos de Araçuaí que vocês apoiam.

— Aqueles pobrezinhos que vimos no vídeo?

— Aqueles meninos nos quais vocês investiram e que vieram acertar a conta com beleza, alegria, cantoria.

Foi um chororô. O Guilherme Leal, um dos cofundadores da empresa, disse que estava a ponto de infartar de tanta emoção. Os diretores foram para uma sala conversar com os meninos, que deram depoimentos extraordinários.

– Minha mãe dizia que filho do meu pai não ia dar em nada. Queria que ela me visse agora! Minha irmã veio para cá para trabalhar como empregada doméstica, mas eu vim para cantar, ser artista!

Isso aconteceu no escritório de Santo Amaro, um bairro de São Paulo. No dia seguinte, marcaram uma cantoria em Itapecerica da Serra, cidade vizinha de São Paulo. Prepararam um toldo enorme, fizeram uma produção e, pela primeira vez, a fábrica parou. Parou para ouvir os Meninos de Araçuaí, que vieram provar que vale a pena investir na vida.

Viemos embora. Um drama a despedida do Ponto de Partida dos meninos. Mas o que fazer? São tão distantes e com vidas tão distintas uns dos outros.

Mais uma vez, as crianças mandaram cartas e desenhos para agradecer. Uma delas dizia assim: "cantar com o Ponto de Partida foi um sonho! Foi melhor que se meu pai voltasse para casa e gostasse de mim". O Ponto de Partida não resistiu. Decidiram gravar um CD para deixar mais uma lembrança na vida das crianças. Assim, surgiu o coro Meninos de Araçuaí.

O CD demandou uma grande produção. Durante um ano, o grupo foi a Araçuaí todo mês para preparar o repertório. As oficinas de teatro, música, canto e dança seguiram com o padrão de qualidade e o rigor do Ponto de Partida, até a gravação do "Roda que rola", primeiro CD dos Meninos com o Ponto de Partida.

Eu sempre digo que, apesar deles trabalharem muito, os dois grupos têm mais horas de abraço do que de ensaio. É um processo muito particular.

Além disso, o coro passou o ano seguinte inteiro participando das ações do projeto e foi construindo uma trajetória dentro do Ser Criança e paralela ao Ser Criança. De um jeito ou de outro, virou uma motivação para todos os meninos participarem.

A gravação foi a maior agitação na cidade, um acontecimento! Gravaram no auditório do Colégio Nazaré com um engenheiro de som inglês que, antes de mudar-se para o Brasil, fazia gravações ao vivo com as orquestras na BBC de Londres. Um rigor! Foi preciso fechar a rua, explicar para as pessoas que não podiam passar, que os cachorros não podiam latir, porque estávamos gravando. Difícil era convencer os grilos a parar de cantar!

Do ponto de vista educacional, a preparação do CD foi extraordinária. O Ponto de Partida aprofundou sua pesquisa musical com as famílias, com os cantadores da cidade e estabeleceu com as crianças uma troca: elas ensinariam para o Ponto as músicas do Vale e o Ponto apresentaria para elas Chico Buarque, Gilberto Gil, Milton Nascimento, Villa-Lobos, Caetano Veloso, Fernando Brant.

Descobrimos que as crianças não tinham acesso a boa parte da música brasileira, mas, à medida que participavam da criação do *Roda que rola*, foram se apropriando desse legado, o que também atingiu toda a equipe do projeto.

A experiência de São Paulo e da gravação do CD geraram um impacto muito grande em Araçuaí, nas rodas e nas nossas discussões. A gente percebeu que tinha encontrado alguns caminhos, do ponto de vista educacional, que eram fundamentais para a gente se aproximar da comunidade. Nessa história de não perder nenhum menino, abriu-se uma perspectiva que nós do CPCD nem sequer imaginávamos, que era pensar na música como instrumento. E a gente fez isso graças ao Ponto de Partida, que coordena a formação do coro há vinte e cinco anos.

Por outro lado, as escolas também se sentiam tocadas, pois elas não queriam que os meninos perdessem aula, como se toda essa experiência não fosse um aprendizado. Conversamos com as escolas, com a comunidade e com as famílias. Gerou-se uma consciência de que, para além da sobrevivência, da escola, da saúde, é fundamental garantir às crianças o direito de sonhar.

A arte como caminho

As coisas assim a gente não pega nem abarca.
Cabem é no brilho da noite. Aragem do sagrado.
Absolutas estrelas!

João Guimarães Rosa, Grande sertão: veredas

Em uma das oficinas para o coro, organizadas pelo Ponto de Partida, encontrei o Paulinho Santos, músico do Uakti, chorando embaixo de uma árvore.

– Tião, sou músico há trinta anos, já me apresentei em tudo quanto é canto. Tem mais de uma hora que estou ensaiando com dois meninos e eles não erram de jeito nenhum. Um dos meninos é o Yuri, ele quer ser tamborzeiro. O outro se chama Renato. Como a gente forma tamborzeiro?

Eu não sabia se existia essa formação, só sabia que não queria formar cortador de cana.

Contei essa história para Regina e ela disse que a melhor coisa a fazer era levá-los para Barbacena, para o Ponto de Partida. Lá, eles poderiam aprender a tocar tambor. Essa experiência com o Yuri e o Renato foi um estímulo para que o Ponto de Partida criasse a Bituca – Universidade de Música Popular.

Esse caso do Paulinho foi uma grande motivação. Opa! Já temos uma piscadela. Não precisamos da opção do corte de cana, pois os meninos querem ser tamborzeiros.

Mas como se criam oportunidades para um menino ser tamborzeiro? Ou para cada menino lutar pelos seus sonhos, exercitar suas vocações, cultivar seus dons? Nasceu, depois de trocas de ideias e discussões, uma parceria com a Bituca, que abriu as portas não só do ensino, mas as do mundo além-Araçuaí e além-oceano. As crianças do coro rodaram o país, apresentaram-se no Teatro Municipal do Rio de Janeiro e no Théâtre des Champs-Élysées, em Paris, com o Milton Nascimento; outros e outras foram dançar na Escola do Teatro Bolshoi no Brasil, em Joinville.

A formação do coro dos meninos refletiu também na formação dos educadores e no processo educativo da cidade de Araçuaí. O nome da cidade passou a ser associado aos meninos cantores, que eram reconhecidos aonde quer que fossem, tornaram-se cartão-postal da cidade. O retorno dessas ações para o imaginário e autoestima da população foi fecundante. E mesmo para a visibilidade do projeto Ser Criança, que, com todo o êxito alcançado, não tinha a reputação desfrutada pelo coro dos meninos.

Os Meninos de Araçuaí e o Ponto de Partida foram construindo uma trajetória e criando um jeito que refletia a nossa prática.

Quando a Natura encerrou o projeto de três anos, continuaram a apoiar o coro que, em seguida, com a articulação do Ponto de Partida, contou com o patrocínio da Telemig Celular, que se traduziu em muito mais viagens, espetáculos e oportunidades.

Para as crianças, era ótimo. Alguns pais sentiam-se incomodados, outros, eufóricos; porém, com as escolas, havia muito problema. Eram necessárias rodadas de negociações para convencer as autoridades educacionais que os meninos iriam continuar estudando nesses períodos de viagens e dar outras contrapartidas para a escola.

Muitas vezes, foi preciso confrontar família e escola. Quem manda: a diretora ou os pais?

Quando os Meninos foram cantar no Teatro Municipal do Rio de Janeiro, os professores acharam um absurdo eles ficarem quinze dias fora. E tome explicação para convencê-los o que significava cantar naquele teatro tradicional, como protagonistas, junto com o Ponto de Partida e o Milton Nascimento. Era uma oportunidade única! Procuramos até o juizado especial da infância para defender a ida dos Meninos.

Para as crianças, foi um presente! Ver o mar pela primeira vez, conhecer tantos lugares, dormir em hotéis lindos, comer em restaurantes ótimos, comparecer a programas de televisão, sair nos jornais, tomar posse do seu espaço. E, principalmente, fazer o maior sucesso pela força do seu canto, pela beleza do espetáculo.

Quando voltaram da apresentação no Teatro Municipal, a gente propôs que eles fizessem seminários no Ser Criança e nas escolas para contar o que tinham vivido. Esse momento foi oportuno para discutir nossa relação com a escola e com a cidade e mostrar o que significava, para a formação das crianças, sair do anonimato para o centro da cena, das tantas dificuldades para a conquista dos aplausos.

Outro momento auspicioso foi a viagem para apresentar *Ser Minas tão Gerais*, com o Milton Nascimento, em Paris. Essa história foi muito marcante, porque ela não foi só uma viagem do coro, mas um processo de formação muito amplo. Primeiro, porque a gente tinha que colocar na roda o que significava sair de Araçuaí para cantar em Paris, localizar Paris, olhar mapa, falar francês, cruzar oceano.

E como vestir quarenta crianças, moradoras de uma região onde só existe verão, para a primavera fria de Paris? Mas, se existe frio no Brasil, um dos seus endereços é Barbacena. Então, o Ponto de Partida fez uma grande campanha com seu clube de amigos, arrecadou um montão de roupas lindas, e as crianças puderam escolher casaco, boina, pulôver, luvas e cachecol com que desembarcariam em Paris.

Conversando com a professora Cristina Loyola, que havia conseguido material histórico e turístico no consulado da França, no Rio, comentei que a única coisa que faltava para as crianças eram meias. Olha o destino conspirando a nosso favor: a família dela tem uma fábrica de cama, mesa e banho em Joinville, a Lepper! Cristina conversou com a Gabriela Lepper e ganhou meias, camisolas, pijamas, um enxoval para cada um dos meninos e meninas.

Para coroar o sucesso ruidoso que os Meninos fizeram em Paris, o jornalista Caco Barcellos fez com eles, no alto da Torre Eiffel, uma reportagem especial para o *Fantástico*.

Quem há de esquecer uma experiência como essa? De quantas horas precisaram para contar todos os acontecimentos? Quantas gerações ouvirão essa história?

Para agradecer à Lepper, o grupo preparou mimos para enviar para a Gabriela. Ela ficou tão encantada com os desenhos, que criou uma linha de produtos para cama, mesa e banho com a marca "Meninos de Araçuaí". Fui a Joinville encontrar-me com ela, que me levou para conhecer a única escola do Bolshoi fora da Rússia. Na visita, contei a história do coro e do projeto Ser Criança. Eles ficaram deslumbrados e se prontificaram a ir a Araçuaí fazer testes para selecionar crianças para o Bolshoi. Cinco deles passaram e um deles, Thiago Neves, é hoje bailarino profissional.

É incrível como uma ação se desdobra em tantos atos e escreve uma nova trama! Como diz Guimarães Rosa: aragem do sagrado![7]

---

7 João Guimarães Rosa, *Grande sertão: veredas*, p. 324.

O corte de cana
e a morte anunciada

A gente só se sai do sertão
é tomando conta dele a dentro.

João Guimarães Rosa, Grande sertão: veredas

O Vale do Jequitinhonha esteve entre os dez maiores bolsões de miséria do mundo. Já não está. Foi uma região fadada e determinada pelo fatalismo do fracasso: era chamado de vale da fome, da pobreza, da miséria! As pessoas de lá tinham destino pré-traçado. Nascer naquele vale parecia lhes garantir um carimbo na testa: "Eu sou miserável".

Quando você chegava lá, percebia que as pessoas assumiam essa lógica. E vimos que não adiantava levar nada para lá, porque todos os projetos que foram pensados como solução pronta para aquela região vazavam, o dinheiro sumia, os planos fracassavam, nada dava certo. Mesmo que não fosse intencional, a prática consistia sempre em levar propostas de forma autoritária. O Vale se enchia de bem-intencionados: da Igreja, do Estado, do exército, da escola, da universidade – todos iam para melhorar a vida do outro. O objetivo era sempre o mesmo: melhorar a qualidade de vida da população do Vale do Jequitinhonha. O que é uma falácia.

Um belo dia, Bué, um jovem de 17 anos que participava do projeto Ser Criança de Araçuaí me disse:

– Tião, eu adoro ficar aqui, mas ano que vem tenho que ir embora.

– Embora? Por quê?

– Minha mãe falou que está na minha hora de ir.

– Ir para onde, Bué?

– Para o corte.

– Que corte?

– Para o corte de cana.

– Mas por quê?

– Ela falou que eu já aprendi tudo o que eu tinha que aprender e, se eu não aprendi, o problema é meu.

– Como assim? Com 17 anos, você já aprendeu tudo? E por que tem que ir para o corte?

– O meu pai foi, meus irmãos foram, meus primos estão lá. Todo mundo aqui vai para o corte de cana no interior de São Paulo. Sabia não?!

– Sabia não. Mas o que quero saber é outra coisa: você quer ir, Bué?

– Não, mas tenho que ir.

O fatalismo era este: uma região exportadora de mão de obra para corte de cana. Fui até a Pastoral do Migrante e soube que naquele ano, 1998, mais de 7 mil homens saíram da cidade para o corte de cana no interior de São Paulo e lá ficavam por nove meses. Pensei: deve ser o paraíso! Vou lá ver.

Fui para a região de Ribeirão Preto. Naquela época, o cara, para ganhar um salário mínimo no corte de cana, tinha que cortar 14 toneladas por dia. Um caminhão cheio. Mas, como o usineiro é um sujeito bacana, que estimula a produtividade, ele dava 5% de aumento se o cara cortasse 20 toneladas. Como ele precisava ganhar um dinheirinho extra para mandar para casa, ia tentar cortar 20 toneladas. Três meses depois, o pulmão dele estava estourando.

A maioria dos homens ia para o corte de cana por causa de um fatalismo: na região seca e semiárida, não chove ou chove pouco e, por causa disso, havia pouco trabalho e pouca renda. Submeter-se a trabalho semiescravo justificava-se porque o pagamento é semanal e, então, se as famílias necessitassem de algum dinheiro, o cara podia mandar.

E, nesses nove meses, no Vale, ficava um buraco. A ausência, a falta de referência dos homens, a falta de afeto, a falta de sexo, a falta do marido, a falta do pai, o abuso sexual, o alcoolismo. Os homens vão e muitas vezes não voltam.

Quando percebi que essa era a realidade, a pergunta imediata foi: de que serve um projeto como o Ser Criança, premiado nacional e internacionalmente, diante de uma situação como essa? Perdeu todo o sentido. Não posso vir brincar com os meninos aqui e perdê-los para o atraso.

E a partir daí fizemos um pacto: de todos os meninos que sentarem na roda ou passarem pelo nosso projeto, não vamos perder nenhum para o corte de cana! Topam?! Nós não podemos perder para o corte de cana, porque lá é trabalho semiescravo.

Quero confessar que, nesses mais de vinte e cinco anos em Araçuaí, não é fácil, mas é muito gratificante saber que nunca perdemos nenhum menino para o corte de cana! Nenhum! Já perdemos uns quinze meninos: dez para a Bituca (Universidade de Música Popular Brasileira, em Barbacena) e cinco para o Balé Bolshoi, de Joinville.

Em 2007, em sua coluna para a *Folha de S. Paulo*, o jornalista Clóvis Rossi escreveu uma crônica sobre esse pacto: se todo o Brasil pudesse perder alunos para o futuro, em vez de para o atraso, o país seria imensamente melhor. O próprio Clóvis me disse:

— Você está perdendo os meninos para o futuro.

— E pode?

– Pode e deve! Para o futuro pode! Não se pode perder para o atraso.

A partir daí incluímos na nossa vida um desafio maior e melhor: perder os meninos para o futuro. E junto com ele veio a outra maior pergunta: como é que a gente perde meninos para o futuro?

Solidariedade e dignidade

Dentro de mim eu tenho um sonho,
a mais fora de mim eu vejo um sonho — um sonho eu tive.
O fim das fomes.

João Guimarães Rosa, Grande sertão: veredas

Em 2003, a Telemig Celular integrou a campanha Fome Zero e montou o projeto Tá na Mesa, do qual participaram todos os grupos patrocinados por ela. Os ingressos de espetáculos ou jogos e os CDs seriam trocados por alimentos, que seriam doados para o programa de combate à fome do governo federal. Pelo Brasil afora, o carro-chefe que abria o projeto era o espetáculo *Santa ceia,* montado pelo Ponto de Partida com a participação do coral Meninos de Araçuaí.

Essas ações tiveram dois grandes desdobramentos.

A venda de ingressos e CDs apurou quase 40 mil reais. O que a gente ia fazer com esse dinheiro?

Na verdade, esse dinheiro era dos Meninos e a decisão deles seria soberana. Eles tinham muitas ideias, mas resolveram fazer uma enquete com as famílias, nas escolas, nas comunidades com a pergunta: "O que a gente pode fazer com 40 mil reais na cidade de Araçuaí?"

A resposta vencedora foi a construção de um cine-teatro. Tínhamos então uma proposta.

A *Santa ceia* seria apresentada na praça de Araçuaí e, ao final, seriam entregues a Cacá, a prefeita, centenas de pacotes simbólicos de dinheiro.

Ela perguntou:

– O que vou fazer com isso?

Os meninos apresentaram um precatório com as ideias levantadas.

– Isso é uma parceria público-privada, que está na moda.

Depois, sentamos com as crianças e com o Ponto de Partida e concluímos que não dava para fazer um teatro, mas, quem sabe, uma sala de cinema... Compramos um terreno, fomos atrás de mais recursos, encomendamos um projeto para o figurinista e cenógrafo do coro, o arquiteto Alexandre Rousset. Construímos, montamos e inauguramos o Cinema Meninos de Araçuaí. Único cinema, de verdade, de 35 mm de todo o Vale do Jequitinhonha. E nasceu com um propósito: só exibir filmes bons.

O segundo desdobramento foi o Empório Solidário. Num acordo feito por nós e pelo Ponto de Partida com a Telemig Celular, todos os alimentos arrecadados pelos grupos e times patrocinados por ela, em todo o país, seriam enviados para Araçuaí. Como não acreditamos na forma costumeira de distribuição de cestas básicas, combinamos com a Telemig Celular que a ação seria organizada do nosso jeito.

Juntamos as instituições para discutir quem eram as pessoas que realmente precisavam das doações. Decidimos que quem precisasse mais ganharia mais. Organizamos toda a doação num Empório Solidário, que era como um supermercado. Produzimos um cartão magnético e um programinha que permitia que cada família indicada fosse ao Empório buscar a cota que lhe cabia, quando precisasse ou quisesse.

Foi uma discussão fundamental em nossa vida em Araçuaí e algo extraordinário. Desde o primeiro dia, nunca tivemos problema, apenas emoção, quando as pessoas iam buscar os alimentos. Os depoimentos nos comoviam, pois algumas delas nunca haviam entrado num supermercado, nunca tinham feito uma compra usando um carrinho.

Precisávamos ousar e os meninos do Ser Criança faziam alguns mimos, como bonequinha, carrinho, livros, para entregar junto com os alimentos no Empório. As pessoas ficavam encantadas!

Um belo dia, apareceu no Empório a dona Maria Auxiliadora:

– Vim devolver o cartão. Eu e meu marido arrumamos trabalho. Tem gente que precisa mais do que nós!

Então, pedimos a ela que escolhesse qual família deveria ficar com o cartão, por maior precisão, e ela escolheu. Dona Maria foi a primeira de muitas outras que devolveram o cartão por solidariedade.

Naquele ano, levamos 180 toneladas de alimentos para Araçuaí. Depois de encerrado o programa Tá na Mesa, da Telemig Celular, percebemos que precisávamos desenvolver outras atividades.

Quando o CPCD fez 21 anos, inscrevemos nossas pedagogias e tecnologias no Banco de Tecnologias Sociais da Fundação Banco do Brasil. A maioria foi certificada. O Empório Solidário e o Sementinha foram colocados em nível exemplar para ganhar o prêmio maior.

A experiência do Empório Solidário virou referência e a organização criada pelo Betinho – Ação da Cidadania contra a Fome, a Miséria e pela Vida – através do seu sobrinho que comandava o programa, nos procurou e pediu para usar a tecnologia. Passamos para ele com todo o gosto.

O Empório continuou. A certa altura, percebemos que podia virar um banco de troca, que acabou se expandindo para as comunidades. Mas ele foi, do ponto de vista dos Meninos de Araçuaí, algo fantástico! Eles passeavam seu orgulho pela cidade, porque sabiam que foi o talento, o trabalho e o esforço deles que geraram tudo aquilo.

A inauguração do Cinema dos Meninos gerou outro projeto: contar a história de Araçuaí por meio da produção audiovisual.

Para nós do CPCD, essas experiências foram se somando à

lógica dos nossos dois programas: Meu Lugar É Aqui e Cuidando dos Tataranetos. Como a gente garante ações para que as pessoas possam permanecer na cidade, viver no presente do presente e construir o presente do futuro, que é cuidar dos tataranetos? Todas as ações caminhavam no sentido de que podíamos construir uma cidade para todos e para sempre. Aquela imagem do corte de cana não nos assombrava mais: tínhamos encontrado outros caminhos para esses jovens.

O Ser Criança deixou de ser um projeto isolado. Virou uma sementeira, que gerou o coro, a fábrica de árvores, o empório, o cinema, as fabriquetas, a loja, um monte de ideias que saem dali e vão produzir desdobramentos e novas semeaduras. E, dentro do Ser Criança, estão os jovens que viraram educadores e educadoras, os que foram para a Bituca e voltaram, os que foram para as fabriquetas da Dedo de Gente, para o cinema. Tudo fruto desse processo, desse desafio de pensar um lugar para viver e viver bem.

Eu digo que as oportunidades são as geradoras das opções. Para ter melhores opções, você precisa de maior quantidade de oportunidades. Isso faz parte do nosso ideário: abrir leques de possibilidades e oportunidades para permitir as melhores escolhas.

Da UTI Educacional
à cidade educativa

Para um trabalho que se quer, sempre a ferramenta se tem.

João Guimarães Rosa, Grande sertão: veredas

No final de 2003, a Cacá, que ainda era prefeita de Araçuaí, me convidou para assumir a Secretaria de Educação. O secretário havia deixado a função para estudar em Diamantina e ainda faltavam um ano e três meses para encerrar o mandato, e ela achava que eu poderia ser seu secretário.

– O convite é para o Tião ou para o CPCD?

– Por quê? Faz diferença?

– Faz. Se for para o Tião, ele não aceita, mas se for para o CPCD, ele pode aceitar.

Reuni meu pessoal e disse:

– Ou podemos assumir ou sumir daqui!

Uma ONG como Secretaria de Educação? Ela aceitou. A custo zero!

Um dia vi, na mesa da Cacá, um livro com dados estatísticos do Simave (Sistema Mineiro de Avaliação de Aprendizagem) daquele ano. Era início de 2004. Passei os olhos e vi Araçuaí. Os dados eram terríveis até a oitava série das escolas públicas estaduais e municipais.

Das crianças que estudaram oito anos nas escolas de Araçuaí, só 3,3% faziam parte do índice considerado suficiente; 96,7% eram insuficientes, 60% estavam em um lugar chamado "estado crítico de aprendizado".

Mostrei a ela o retrato da educação do município e disse que tínhamos pouco mais de um ano para trabalhar com aquelas crianças.

– Não posso admitir que mais de 96% das crianças continuem semianalfabetas depois de oito anos de escola pública! Esse é o foco. O que me interessa é trabalhar com elas, enquanto eu tiver tempo.

Saí da sala dela com a cabeça fervilhando. Com aquele documento, juntei meu pessoal e disse que íamos tirar aquelas crianças daquele lugar. A gente tinha aquela oportunidade!

A Cenise Monte Vicente, que à época prestava serviços para a Petrobras na área de responsabilidade social, nos sinalizou que havia a possibilidade de liberar recursos via Fundo para a Infância e Adolescência. A estatal tinha até o fim de dezembro para liberar o dinheiro para os municípios. Sentei e anotei numa folha de papel as ações e calculei os custos. Era um projeto bem objetivo e a soma total do investimento chegava a 1 milhão de reais. Liguei para a Cenise e mandamos o projeto.

Depois de cuidar dos trâmites burocráticos para liberação dos recursos, foi com esse dinheiro que entramos na Secretaria de Educação.

O CPCD nunca usou um tostão da prefeitura e combinamos que toda a equipe ia ser secretária. Foi uma experiência fantástica! Ninguém entendia aquele monte de gente circulando pelo gabinete.

– Quem é o secretário? perguntavam.

– Quem estiver mais perto da mesa, eu retrucava.

Um dia, brincando, disse para a Eliane Almeida, educadora do CPCD:

– Você será a secretária-adjunta. E eu o secretário à distância.

Nos divertíamos com isso.

Tínhamos que mobilizar a comunidade para tirar todas as crianças que continuavam analfabetas depois de anos de escola. Eram 96,7%! Um horror!

O que fizemos?

Uma UTI Educacional, onde, preservando a ética e a vida, vale tudo para tirar criança do analfabetismo.

Como é que a gente fazia?

Convocamos toda a nossa experiência, especialmente o aprendizado em Moçambique com o seu Antônio, de Namalima: "é necessário toda a aldeia para educar uma criança"!

Formamos um exército de mães cuidadoras e alguns jovens. Fomos atrás das crianças, localizá-las, mapeá-las e ver o que se podia fazer com elas e com as famílias para tirá-las do analfabetismo.

Ao mesmo tempo, conversávamos com os professores para removê-los da acomodação. Boa parte aderiu; outra parte não quis, e tive que afastá-los, para envolver mais a comunidade.

Íamos de casa em casa:

– Dona Maria, o que a senhora sabe fazer para tirar esses meninos do analfabetismo?

– Ah, não sei nada, não!

– O que a senhora faz? Pensa um pouco e vamos encontrar algo.

Íamos perguntando, convocando a aldeia, como aprendemos.

Tem uma história genial, que já virou lenda.

Um dia, cheguei numa casa e fiz a mesma pergunta de sempre:

– E a senhora, dona Isaura, o que sabe fazer para tirar as crianças do analfabetismo?

– Ah, Tião, sou fraquinha! Não sei fazer nada, não. Quem tem que fazer é a escola.

– Mas esses meninos já passaram pela escola e continuam analfabetos! A senhora não sabe fazer nada bem feito?

Mexi com os brios dela.

– Ah, o que o povo gosta muito e eu sei fazer é biscoito!

– Biscoito? Qual biscoito?

– Biscoito de goma.

– Como é que faz biscoito de goma, dona Isaura?

– É muito simples: pega um prato de goma, polvilho, ovos, faz uma massa bem molinha, põe o sal, põe uma erva-doce, põe num saquinho furado, desenha umas caraminholas numa forma untada, leva no forno quente e assa.

– E fica bom?

– Fica ótimo!

– Quantos ovos vão nisso?

– Seis ovos, seis gemas...

– Então, a senhora podia dar uma aula para os meninos.

– Eu não sei escrever.

– Eu escrevo! Eles escrevem comigo e fazem biscoito com a senhora. Topa?

– Uai, se você acha que dá certo...

– Quarta-feira estou trazendo os meninos, tá bom?

Já estava indo embora, mas voltei para perguntar:

– Dona Isaura, como é mesmo o nome do biscoito?

– Ô Tião, eles chamam ele aqui de "biscoito escrevido".

Então, vi que a conversa não tinha acabado.

– Se ele é escrevido, a gente pode escrever qualquer coisa, não pode?

– Pode.

– Tem menino que não sabe escrever nem o nome! A senhora podia dar uma aula para eles escreverem o nome com biscoito. A senhora topa?

– Topo, moço!

E foi assim que ela passou a "lecionar" duas matérias. Chamei os meninos que não sabiam escrever o próprio nome e falei:

– Meninos, é o seguinte: só vai comer biscoito quem escrever o nome!

Vocês sabem, não tem menino bobo, não! Bobo sou eu! Os meninos, num instantinho, aprenderam! Tinha prova, avaliação. Uma semana depois, cheguei no dia da avaliação. Atrasado.

– Já fizeram a avaliação?

– Já.

– Todo mundo acertou?

– Acertou!

Aí, olhei para um que estava com a cara ruim, emburrado, e perguntei:

– Ô baixinho, você errou?

– Errei, não!

– Por que está com essa cara ruim então?

– É porque eu chamo José; ele ali chama Washington!

– Escreve o seu nome completo!

– Eu não sabia que podia.

– Pode! Pode escrever tudo, nome do papagaio, do cachorro! Escreve e vai comer biscoito até as coisas melhorarem!

Juntamos os pequenos nadas da comunidade, o que as pessoas sabiam fazer, seus pontos luminosos. A UTI Educacional foi um jeito de salvar menino da morte cidadã.

Fizemos, ainda, chover livro na cabeça de menino! Espalhamos livros por todos os lugares: na porta de botequim, na entrada de açougue, no ponto de ônibus, na feira. Fizemos o Bornal de Livros, a Folia de Livros. Abrimos acessos para que as pessoas pudessem usufruir.

Com essa mobilização, tiramos todos os meninos do analfabetismo. Tiramos 10 com louvor, como se dizia no meu tempo de infância.

Então pensamos: quando você sai de uma UTI Educacional, tem que ir para um lugar saudável, agradável. Um lugar agradável é uma cidade educativa.

O que é uma cidade educativa? É quando todos os espaços públicos e privados se tornam espaços de aprendizagem e todas as pessoas são educadoras em potencial.

Quer saber mais? Vou contar!

Nota – Ao final da experiência, o resultado foi tão impactante, que contratamos uma jornalista independente da área de educação, a Rosângela Guerra, para que ela registrasse e avaliasse todo o processo vivenciado.

Com uma coleta tão rica de detalhes e informações, ela escreveu um livro chamado *Álbum de histórias*, publicado pela Editora Imprensa Oficial, que reúne pequenas histórias e medidores, indicadores e quadros dos meninos que passaram pela UTI Educacional.

De cidade educativa
a cidade sustentável

O que ninguém ainda não tinha feito,
a gente se sentia no poder de fazer.

João Guimarães Rosa, Grande sertão: veredas

O projeto UTI Educacional começou a ter uma repercussão muito grande na vida do CPCD. Quando, em 2006, conseguimos mostrar que estávamos saindo da UTI e seguindo para uma cidade educativa, ia se realizar em Lyon, na França, o 10º Congresso de Cidades Educadoras. Fui lá contar essa experiência, que foi premiada e ovacionada. Era algo absolutamente inédito, pois muito se falava de políticas públicas governamentais, como as prefeituras das cidades estavam trabalhando com o conceito de cidades educadoras, e a gente contava a história de como a comunidade assumiu a parada e virou o jogo. Era um projeto de política pública não governamental. Algo inusitado.

— Tem isso no Brasil?, me perguntaram.

— No Brasil acontecem coisas que até Deus duvida!, retruquei.

Se não fossem os resultados concretos do êxito, para eles seria uma história da carochinha.

Foi nessa época que a Fundação Avina, uma organização filantrópica latino-americana que trabalha para o desenvolvimento sustentável na região, demonstrou um interesse mais profundo no desenvolvimento dessa área. O Carlos Miller, biólogo e ambientalista que, nessa ocasião, era representante da Avina no norte do Brasil, foi fundamental para que a intenção se transformasse em ação. A gente sabia que tinha condições de fazer uma cidade educadora, e o Carlos percebeu que ele tinha algo nas mãos que poderia provocar uma discussão mais ampla. Ele sugeriu realizar uma reunião dos líderes da Avina em Araçuaí. Eles ficaram em Araçuaí durante uma semana, rodando, vendo, ouvindo e, ao final, produziram uma avaliação muito interessante. Os líderes representantes da Avina, com expertise e tecnologias diversas, disseram nunca ter visto uma cidade ser transformada e que ali percebiam um ambiente favorável para isso, uma mobilização, um engajamento da comunidade. Eles, os experts, definiram em uma palavra, o que estava ocorrendo em Araçuai: *empowerment*, que se traduz como empoderamento comunitário ou "empodimento"(aquele que quer dizer "nóis pode? Pode!).

"Empodimento" é potência, é o poder que uma comunidade descobre que tem e que pode usar para transformar de forma positiva, seu mundo e sua vida.

Naquele momento é que surgiu a ideia de partir de uma cidade educativa, construir uma cidade sustentável. Daquela roda, faziam parte representantes de três centros de permacultura (dos Pampas, do Cerrado e da Amazônia) e líderes em outras áreas da Fundação Avina.

Com o aval da Avina, começamos a pensar e desenhar esse projeto. Muitas ideias, um ano de reuniões discutindo sua aplicabilidade em coisas concretas e no desenho da primeira mandala, estruturada com os programas Meu Lugar É Aqui e Cuidando dos Tataranetos. A mandala foi constituída nesse coletivo – que também definiu como seria girar a mandala na prática – e transformamos tudo no PTA (Plano de Trabalho e Avaliação) para essa ação conjunta.

Esse era o nosso jeito de fazer e, já que era o CPCD que ia coordenar toda a ação, íamos pegar as tecnologias e os conhecimentos de todos e adaptá-los a Araçuaí. Foi uma estratégia para não ficar simplesmente numa transferência de instrumentos e mecanismos.

A questão da permacultura surgiu com muita força por um conjunto de fatores. Além da turma da permacultura que estava por conta da Avina, nesse período deu-se o nosso contato com as freiras franciscanas e o nosso reencontro com o Celso Souza, um agricultor local e uma pessoa extraordinária, que viria a se tornar nossa grande referência em permacultura.

Ele tinha trabalhado conosco na época em que a Cacá fora prefeita de Araçuaí e apareceu, um dia, para despedir-se da gente. Estava indo para o corte de cana, como contratador de gente (ou "gato"), e ia ficar lá o ano inteiro.

O Geraldinho da Ação Social Santo Antônio me procurou, junto com uma irmã franciscana, dizendo que eles tinham uma propriedade na beira do rio Jequitinhonha, de mais de 5 hectares, que havia sido doada para as religiosas e estava abandonada. A terra estava improdutiva, e ele queria que a gente assumisse o "latifúndio". O nome? Sítio Maravilha.

Era tudo o que eu queria e precisava ouvir, mas teria que segurar o Celso para essa experiência. Conseguimos convencê-lo pouco antes de ele subir no ônibus, e o projeto começou com as bênçãos do universo e dos deuses.

Contamos para o Carlos Miller, que a propriedade que a gente tinha nas mãos era em comodato por trinta anos e como podíamos transformar isso numa área de permacultura, com toda a experiência do pessoal nesse campo. Naquele momento, demos um salto de qualidade e fomos para o sítio, vê-lo ao vivo, terra-presente para construir um desenho do sonho.

O sítio veio para dar sentido a uma lógica maior. Saímos do Ser Criança, passamos pelas fabriquetas, pela UTI Educacional, pela cidade educativa e íamos abraçar tudo numa cidade sustentável. A permacultura chegou como conhecimento fundamental naquele momento, e percebemos que precisávamos aprender e trabalhar com ela. O Celso foi conviver com grandes autoridades da permacultura: Ali Sharif, um iraniano responsável pelo nascimento de diversos institutos de permacultura na América Latina e muito atuante na Amazônia; André Soares, do Instituto de Permacultura do Cerrado (Ipec) e João Rockett, do Instituto de Permacultura da Pampa (Ipep), no sul do Brasil. Houve um intercâmbio muito grande. O Celso descobriu um jeito próprio de praticar tudo aquilo, e, aos poucos, fomos percebendo que ele era um permacultor de mão cheia.

Todas as reuniões passaram a ser feitas em Araçuaí. Havia muito envolvimento com os vários segmentos da comunidade. Os líderes da Avina tiveram oportunidade de ver coisas que nunca imaginaram existir. A gente ia ver uma folia de livros e eles ficavam loucos. Era um exercício de cidadania, um envolvimento pleno. Havia uma permanente discussão com a comunidade, que foi um grande aprendizado e que nos permitiu sistematizar, referenciar e estabelecer metas. Como o sítio podia caminhar para a autossuficiência? Como o conhecimento produzido ali podia ser levado para as comunidades?

Esse foi o jeito do CPCD de fazer e que todas as lideranças aprenderam. Eles sabiam muito de técnica, mas como fazer a comunidade se apropriar dela foi a nossa grande contribuição para a roda, acho. Levar as comunidades, levar as pessoas para dentro do sítio, para aprender a fazer.

O desenho do projeto foi se estruturando, com grande contribuição do líder Avina e consultor em estratégia de sustentabilidade Aerton Paiva.

À medida que o tempo passava, o projeto foi se transformando e a Avina diminuindo seu apoio, até deixá-lo. A gente percebeu que precisava garantir a nossa sustentabilidade de outra forma, do ponto de vista da produtividade, e funcionou.

Hoje, a permacultura é uma referência para as escolas, para o Instituto Federal do Norte de Minas Gerais – Campus Araçuaí. O sítio aplica tecnologias para mostrar para a comunidade que é possível conviver no semiárido. Que as pessoas não precisam ir para o corte de cana, pelo contrário, a gente pode trazer as pessoas de volta, pois o conhecimento que dominávamos permitia criar uma outra realidade, capaz de sustentá-las.

Para mim, a permacultura é filosofia, é pensar a vida. Aquela questão: se a terra não produz lixo, tudo é utilizável e tem que ter, no mínimo, duas funções. A gente não deve gastar energia sem necessidade. Nem a nossa. São algumas conclusões tão elementares, tão funcionais, que a gente fala que é filosófico e pensa como se pode fazer disso uma prática de vida. Gastar menos energia, não produzir descarte, não produzir excedente. E, quando a gente vê como o Celso incorporou isso, como ele colocou sua memória, seu talento, sua percepção, sua sensibilidade, a serviço desses princípios, percebe que o sítio virou uma grande escola de aprendizado humano. Em qualquer lugar para onde você for, tenha certeza, essa filosofia de vida se aplica.

Oásis no semiárido mineiro

De qualquer pano de mato, de de-entre quase cada encostar de duas folhas, saíam em giro as todas as cores de borboletas. Como não se viu, aqui se vê.

Porque, nos gerais, a mesma raça de borboletas, que em outras partes é trivial regular – cá cresce, vira muito maior, e com mais brilho, se sabe; acho que é do seco do ar, do limpo, desta luz enorme.

João Guimarães Rosa, Grande sertão: veredas

Em dez anos, o Sítio Maravilha, com 5 hectares utilizados, comprovou que é possível transformar uma propriedade assoreada, improdutiva e completamente degradada, situada numa região seca, em área produtiva de orgânicos, totalmente recuperada, geradora de alimentos em larga escala. A produção atinge uma média de 1 tonelada de alimentos por mês, que vai direto para o prato dos meninos do Ser Criança e dos atendidos pela Ação Social Santo Antônio, nossa parceira.

Além das oficinas e formações para os agricultores da região, que ocorrem a todo tempo, seja *in loco* ou nas comunidades do entorno, o sítio recebe, anualmente, cerca de seiscentos visitantes, entre estagiários, residentes sociais e instituições nacionais e estrangeiras. Vir a ser um "centro de excelência" em agroecologia aplicada aos grandes desafios – produção de água e de alimentos – na região semiárida do Vale do Jequitinhonha é a missão desse lugar.

Do Sítio Maravilha partimos para os quintais, que eram reaplicações das tecnologias do sítio em casas da zona rural. Cada quintal tinha que ter horta mandala, cisterna de placas, banheiro seco, espiral de ervas, biofertilizante... enfim, um conjunto de tecnologias de permacultura e bioconstrução que desse conta das necessidades da família de produzir o ano todo e viver dignamente. As convergências dessas tecnologias, nessas casas, deram, a muitos homens e rapazes, o direito de permanecer no lugar onde nasceram.

Entre tantas histórias que eu poderia contar dessa experiência, uma das melhores é a do banheiro seco.

Nos testes para a construção dos banheiros, passávamos todas as informações.

– Pessoal, é o seguinte: esse banheiro não dá cheiro, se for usado direito. Tem que colocar serragem toda vez que usar, deixar tampado, o tambor tem que ficar no sol etc.

Era tudo novo. Fizemos o primeiro banheiro de tambor, e todo mundo aprendeu. Daí fizemos um mutirão e construímos banheiros em mais de cem casas.

Nas Cruzinhas, uma das comunidades, foram 71 banheiros. Quando a gente construiu aquela quantidade, percebemos de imediato a mudança da autoestima, rompeu-se o paradigma. Diziam com orgulho:

– Agora, nós temos um banheiro em casa, banheiro próprio!

No entanto, havia um problema. Em uma das reuniões de que participei teve uma discussão muito interessante em cima da destinação dos dejetos. O que a gente faz com eles?

As fezes ficavam no tambor pintado de preto seis meses tomando sol, chegando a 70 graus, o que é suficiente para matar os coliformes fecais e dar origem a um adubo poderoso. Toda essa informação eles tinham, mas havia um problema: o que a gente faz com tanta produção de cocô? Este era o assunto a ser resolvido pela roda.

Foi uma coisa interessante, a gente não tinha pensado nisso. E a conversa era essa: quanto tempo gasta para encher um tambor? Quantos tambores são usados? A média era 1 tambor a cada 3 meses; em 1 ano, são 4 tambores; se cada tambor tem 200 litros, então são 800 quilos. Ou seja, cada família daquela comunidade produzia 800 quilos de bosta, o que dá 9,5 toneladas de produção. É muita coisa!

"O que a gente faz com tanto cocô?"

A sugestão que demos foi disponibilizar um lugar onde os tambores poderiam ficar durante seis meses.

Onde é o lugar? Como levar? Duzentos quilos é pesado! Combinou-se que ia ter um caminhão – o *transbosteiro* –, que ia passar recolhendo os tambores e levar para o tal lugar. Tivemos de criar o departamento da *transbostagem*, encarregado de anotar as datas de entrada e saída dos tambores e controlar o fluxo fecal.

No final da história, pediram um nome para este "novo"projeto. Minha sugestão:

– Lá em São Paulo e em Belo Horizonte tem um banco que se chama Banco de Boston. A gente pode criar uma filial dele: o Banco de Bosta. O que vocês acham?

Três meses depois, o banco faliu. Ninguém mais fazia depósito no banco. Eles estavam reciclando. Não eram mais 200 quilos de bosta, eram 200 quilos de adubo composto.

Esse é um exemplo de mudança de mentalidade e paradigma de alguém que um ano antes vivia no autodesprezo, autoestima baixíssima, e, quando passou a ter um banheiro bacana, digno, passou a pensar no todo, a ver possibilidades. Quando você sai da necessidade para gerar oportunidades e superar déficits de água, alimento, recurso, conhecimento, vai construir perspectivas novas. Lá nas Cruzinhas, hoje, tem tudo: água, comida, tempo para cuidar daquilo que faz sentido na vida. Se as necessidades já foram cobertas, agora são as oportunidades que se apresentam para fazer a vida melhor para todos.

Araçuaí para todos, para sempre

A gente só sabe bem aquilo que não entende.

João Guimarães Rosa, Grande sertão: veredas

Como se constroem futuros possíveis e para todos os meninos?

A gente decidiu colocar essas questões, da dignidade dos valores humanos, na pauta, na linha de frente. Não importa como, nós temos que chegar lá. E aí a gente aprendeu para todo o sempre como é que se faz isso. Esse movimento demanda um envolvimento que nós precisávamos criar em um lugar, em um território.

E começamos a evoluir também. Percebemos que projetos isolados não transformam realidade. Projeto para criança, jovem, mulher, idoso etc. é bacana, mas não transforma realidades. Programa também é bacana, bonitinho, é bom para quem está lá, durante um período funciona, mas também não transforma realidade, porque as pessoas só interagem naquele meio. Redes também não transformam nada, porque as pessoas entram e saem dela segundo seus próprios interesses.

O que transforma é estar orientado por causas. Portanto, tínhamos que criar redes com causa, que se tornam plataformas.

Como já contei, em 2005 Araçuaí foi invadida por quinze líderes sociais brasileiros e internacionais, trazidos pela Fundação Avina. Sentamos juntos e concluímos que aquele era o lugar.

E nos propusemos uma causa: criar no Vale do Jequitinhonha uma cidade que fosse uma comunidade sustentável. O que é ser sustentável em Araçuaí, no Vale de Jequitinhonha?

Montamos, junto com as comunidades, dois programas:

- Meu Lugar é aqui. É cuidar do presente do presente; ou seja, não se pode sair daqui para lugar nenhum, a não ser que seja para algo muito melhor.

- Cuidando dos Tataranetos. É cuidar do presente do futuro. Preparar o território para os que virão, para os que a gente não vai conhecer (eu acho que não).

E consideramos também quatro dimensões: compromisso ambiental, valores humanos e culturais, empodimento comunitário e satisfação econômica, todas baseadas na Carta da Terra.

A Carta da Terra, na minha opinião, é o documento mais importante que a humanidade produziu no século XX. Por dez anos, mais de 5 mil pessoas, de 185 países, discutiram qual declaração deveria reger a nossa vida como espécie humana na Terra, nossa casa comum. Chegaram a um consenso de dezesseis princípios fundamentais. Não tem jeito de melhorar aquilo, ele é em si perfeito. Aplicar a Carta da Terra significa mudar a nossa conduta, a nossa posição em relação ao mundo, parar de olhar para o próprio umbigo e pensar no todo. É um documento que fazia todo sentido para fundamentar o que estávamos pensando para Araçuaí.

Era um desafio para nós. Se desse certo ali no Vale do Jequitinhonha, o chamado "vale da miséria", valeria para qualquer lugar do mundo.

E o que fizemos? Durante um bom tempo, aprendemos e aplicamos uma série de tecnologias sociais naquele lugar, potencializando o trabalho de educação popular que a gente já tinha desenvolvido e novas ações, como permacultura, segurança alimentar, segurança hídrica, novos ofícios. As pessoas da cidade foram se apropriando das tecnologias propostas e dominando, aos poucos, os modos de fazer. Fomos aprendendo, sobretudo, a fazer política pública não governamental.

Em 2006, o projeto Araçuaí: cidade educativa foi escolhido, entre 250 cidades candidatas do mundo, como um dos quatro projetos exemplares apresentados no 9º Congresso Internacional de Cidades Educadoras, em Lyon, França. Em 2011, fomos novamente reconhecidos com Araçuaí sendo uma das cinco finalistas do Prêmio Global de Cidades Sustentáveis (Globe Sustainable City Award), sediado em Estocolmo, na Suécia, ao lado de outras quatro cidades do mundo: São Paulo, Murcia, na Espanha, Songpa, na Coreia do Sul e Tampere, na Finlândia.

A plataforma Arasempre – Araçuaí para todos, para sempre é a busca da excelência, em todos os sentidos. Ousamos pensar em Araçuaí como uma cidade estruturada em torno de alguns centros de excelência que dialogam entre si e produzem convergência de aprendizados, energia transformadora e impactos duradouros, com capacidade de se multiplicar regional e nacionalmente.

A gente já tinha um Centro de Permacultura do Vale do Jequitinhonha, que era o Sítio Maravilha, provando que era possível conviver com o semiárido de uma maneira simples. Ações de manejo na chapada do Lagoão, que é a caixa-d'água da cidade e área de preservação ambiental, e o trabalho com famílias da zona rural para construir quintais autossuficientes e produtivos foram as próximas etapas. O Ser Criança: Educação pelo Brinquedo, em pleno funcionamento, envolvendo famílias, comunidades, e até adotando ruas, estabelecendo relações importantes com escolas. A Dedo de Gente, com diversas fabriquetas de economia solidária, criando alternativas produtivas em várias frentes. O coro Meninos de Araçuaí e o Cinema dos Meninos.

Um dia, Yuri Hunas, formado no Ser Criança e na Bituca, hoje educador do Ser Criança, estava pesquisando histórias da cidade com os meninos e se depararam com uma foto de pessoas nadando no rio Araçuaí há muitos anos. A pergunta foi imediata:

– Ué, mas que rio é esse?

– O rio Araçuaí, que passa ali, ó.

– Mas como é que a gente faz para nadar nele?

– A gente precisa recuperar o rio!

– Como é que faz para recuperar o rio?

– Plantando árvores na margem, cuidando dele.

– Mas precisa de muita árvore.

– Por que a gente não cria uma fábrica de árvores, então?

– Não existe isso. Só existe fábrica de carro, cara!

– Vamos criar então uma "fábrica de árvores"? Topam?

Pronto, estava criada. Eles foram pesquisar e entender como juntar e coletar sementes, como produzir mudas. Construíram um viveiro lindo na forma de geodésica e produzem diferentes espécies. O objetivo final é recuperar a beira do rio Araçuaí, que anda maltratado, para que eles possam nadar de novo e para que as araras, que dão nome à cidade, voltem a voar por ali. Fizeram até crowdfunding, para buscar recursos no mundo inteiro. Uma iniciativa honesta, ética, criadora de solidariedade.

A FAMA – Fábrica de Árvores dos Meninos de Araçuaí – aprendeu a produzir pelotas de sementes, fazer experimentos com leguminosas e fazer cálculos de áreas que precisam ser reflorestadas. É um projeto de vida. De toda vida, de todos e para todos.

Yuri passou a integrar o Conselho Municipal de Desenvolvimento Ambiental e representa os meninos, que são ouvidos. Eles levantam uma bandeira que é deles, ninguém pediu isso. Eles propuseram e deram um banho na gente, nós tivemos que correr atrás.

A FAMA – Fábrica de Árvores dos Meninos de Araçuaí é uma fonte de inspiração. Ela traz a lógica da recuperação e também a responsabilidade de todos participarem disso. Mostra para a gente, de forma lúdica e irreverente, que é possível, sim, construir uma cidade para todos e para sempre.

Mandala Arasempre
Araçuaí para todos, para sempre

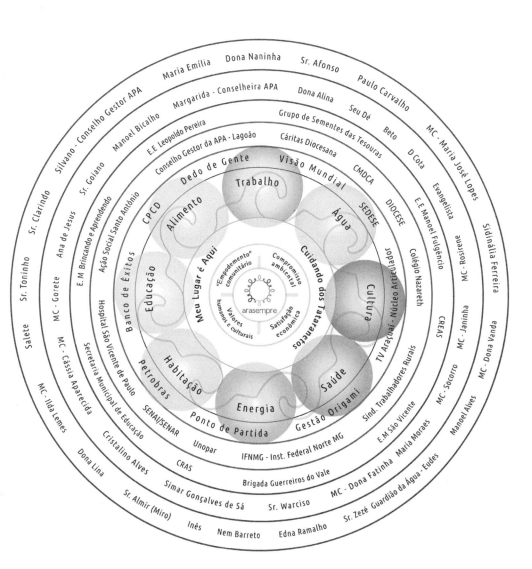

Tecnologia e arte no Jequitinhonha

Mas, onde é bobice a qualquer resposta,
é aí que a pergunta se pergunta.

João Guimarães Rosa, Grande sertão: veredas

Eu estava almoçando em um restaurante em São Paulo com o Aerton Paiva, quando chegou um conhecido dele:

— Eu queria te apresentar o Eduardo, ele é diretor da IBM.

Ficamos trocando ideias.

Conversa vai, conversa vem, perguntamos para ele:

— O que você está fazendo?

— Ah, nós vamos inaugurar uma fábrica de *software*.

— Onde?

— Em Campinas.

— Por que Campinas?

— Ah, porque em Campinas tem a Unicamp, a gente estuda condições estruturais, estrada, logística. Lá é o ideal.

Não perdi a chance:

— Aí é mamão com açúcar, né? Vocês tinham que montar uma fábrica de *softwares* lá no Vale do Jequitinhonha!

— Mas lá não tem nada.

– Não fizeram um polo de tecnologia no Vale do Silício? Vale por vale, eu sou mais o meu. Se fizeram no vale do Silício, na Califórnia, é possível fazer no Jequitinhonha, em Minas Gerais.

Ele riu muito e foi embora. Meu amigo me chamou de doido. Mas eu entendi. Esse cara me deu a piscadela de que eu precisava.

Porque os meninos do Vale do Jequitinhonha são iguais aos meninos de São Paulo e de Nova York. Eles são loucos por tecnologia, eles querem brincar com esse negócio e isso não é monopólio de ninguém.

Se eu faço um projeto para atender a demanda, posso fazer uma *lan house* ou um curso de informática, só que isso é o curso em si. Mas, se o meu lugar é aqui e se tenho que cuidar do meu tataraneto – me amarro nessa causa – , eu preciso fazer coisas para eles permanecerem, construir progressos próprios, como aprender a fazer *software*, de baixa ou média complexidade e dominar essa tecnologia.

Então, a Fabriqueta de Softwares passou do desejo para a realidade. Lembra daquele jogo de damática, lá atrás? De dama e matemática? Está em joguinho de *smartphone*, sendo negociado pelos meninos da Fabriqueta de Softwares com gente da universidade. Ninguém segura esses meninos! Eles estão vendendo tecnologia e estão contando a história deles.

Já falei um pouco sobre o Cinema Meninos de Araçuaí. Pois bem, lá no cinema teve uma produtora audiovisual para fazer jus a uma sala de projeção bonitona, a única da região 35 mm. Quando inauguramos a sala, disse para eles:

– Vocês tinham que ser os Novos Glaubers!

E continuei falando de uma ideia na cabeça, uma câmera na mão. Um ano depois, eles falaram para mim:

– Ô Tião, sabe o que a gente pensava? Que esse tal Glauber era teu irmão. Glauber Rocha e Tião Rocha.

Rimos muito. O início foi árduo, os primeiros exercícios se pareciam muito com o que viam na TV. Daí eu disse a eles:

– Vocês não entenderam nada, moçada? O desafio aqui é contar a história desta cidade, mas não do jeito que o povo conta na televisão. A gente tem que contar de outro jeito, não mostrando apenas a pobreza ou a violência.

– Como?

– Do lado bonito.

– Mas a gente nem sabe onde está o lado bonito daqui!

– Então, a gente tem que descobrir.

Dei para eles um livro do Italo Calvino, *Cidades invisíveis*. Lemos e discutimos as histórias e eles concluíram:

– Nós temos isso aqui.

– Contem essa história para mim, em vídeo, mas tem que ser em um minuto.

E eles começaram a contar histórias em um minuto. Resultado? Ganharam o primeiro e o segundo prêmios da campanha Histórias que Mudam o Mundo, do Museu da Pessoa.

Uma delas se chamava "Ausência". Eles colocaram a câmera na frente da dona Rosa:

– Dona Rosa, seu filho foi para o corte de cana?

– Foi.

– Conta para nós: como a senhora se sente? Ela pega a fotografia do filho e fala:

– A cama dele está sempre arrumada, o prato dele está sempre na mesa.

Precisa explicar? Esse é o sentimento da ausência, em apenas sessenta segundos. Uma síntese perfeita. Está passada uma mensagem. Eles começaram e não pararam de contar essas histórias. Sabe o que mais conquistaram? Empodimento. O mundo estava aberto para eles.

De Max-Neef a Parelheiros

Se o senhor não conheceu esse homem, deixou de certificar que qualidade
de cabeça de gente que a natureza dá, raro de vez em quando.

João Guimarães Rosa, Grande sertão: veredas

O economista chileno Manfred Max-Neef, com quem tive a honra de trabalhar no final da década de 70, criou o conceito de "economia de pés descalços". Ele também definiu as nove necessidades humanas básicas: subsistência, proteção, afeição, compreensão, participação, lazer, criação, identidade, liberdade. Quando o conheci, aprendi logo: a economia está a serviço das pessoas, e não o contrário. Ele falava o seguinte: se você criar as condições para o desenvolvimento humano nas pequenas cidades, vai gerar o êxodo ao contrário. A gente precisa criar condições para que as pessoas fiquem ou voltem para onde elas se sentem bem.

Ele foi convidado para ir a Tiradentes, cidade de Minas Gerais, que era uma vila histórica decadente. Eu tive o privilégio de acompanhá-lo e convidar essa comunidade para ver o que ela tinha de bom, de onde dava para partir. Fizemos um seminário sobre as crianças e as "necessidades humanas". Ele queria pensar na comunidade e no futuro e reuniu pessoas como Pablo Echeverría (do Fondo de Cultura Económica do México), Federico Mayor Zaragoza (diretor-geral da Unesco, da França), Enrique Iglesias (presidente do Banco Interamericano de Desenvolvimento, dos Estados Unidos), entre outros e outras, para debater alternativas para a realidade de

Tiradentes, fora da lógica da economia tradicional. A partir desse processo – não é segredo para ninguém –, Tiradentes se transformou em um polo turístico, talvez uma das cidades históricas mais importantes em termos de atração, com festival de cinema, gastronomia, teatro, semana criativa e tudo o mais. Pena que o projeto proposto pelo Max-Neef foi apropriado por outras instituições brasileiras que o desviaram do caminho originalmente desejado. Tiradentes é cada dia mais cenário turístico e sua população foi sendo expulsa para a periferia e outras cidades do entorno. Hoje o centro histórico é composto de loja de artesanato, pousada, restaurante. Só muda a ordem.

O que aprendi naquela época foi pensar nas necessidades humanas e como a gente poderia convocar as comunidades, as pessoas, para pensar no sentido dos lugares, não só da subsistência. Foi aí que descobri o que tem preço e o que tem valor. Leite materno tem valor, leite em pó tem preço. Como é que a gente constrói uma economia baseada em leite materno, em coisas que duram uma vida inteira? Como a gente junta as pessoas, sua solidariedade, empatia, compaixão para que a economia esteja a serviço das pessoas, todas, e não o contrário?!

Em setembro de 2022, realizou-se na cidade de Assis, na Itália, um encontro convocado pelo Papa Francisco para discutir uma nova economia, e ele usava exatamente os conceitos de Max-Neef, para pensar uma economia baseada em Assis, e não em Davos.

A economia não deve ser regida pela acumulação, mas pela distribuição.

(Tenho inveja dos argentinos. A gente discute futebol e outras coisas, mas, na hora que falam do Papa eles ganham de goleada. A gente não teve, infelizmente, competência para produzir um cara com a cabeça como a dele.)

Pois ele mesmo, o Papa, propôs também um Pacto Educativo Global, um chamado para que o mundo priorize uma educação que não seja baseada em currículo, em diploma, em competências que servem ao mercado apenas, mas nas vivências, nas experiências que servem às pessoas. Uma experiência educativa que parte do princípio macua, lá de Moçambique: há de se convocar a aldeia inteira para cuidar de cada criança. Há de se convocar todas as pessoas para cuidar da Terra, nossa aldeia, a nossa casa-mãe.

Se o século XX foi o tempo da escala, e isso levou a vários avanços, mas também a muitos excessos e nós geramos esse grande buraco social, o século XXI surgiu como o século da complexidade, com a necessidade de pensar a vida em suas várias interações, interfaces, interdependências.

A pandemia da Covid-19 trouxe duas coisas muito concretas: o isolamento e a nossa fragilidade. A necessidade de isolamento gerou o medo de sair, de se expor, do entorno, e isso foi gerando uma série de consequências que afetam o nosso tempo.

Nessa crise, houve também como uma contraparte, uma reação forte e fundamental das periferias, das comunidades, dos coletivos. Isso tem se mostrado uma oportunidade dentro de todo esse desafio: um desafio do presente do futuro. E o que temos visto é que as pessoas mais afastadas dos grandes centros, mais pobres, encontraram naquilo que todos os humanos têm, que é a capacidade de buscar na convivência, na alteridade, na empatia, na solidariedade, no afeto, uma forma mais positiva de viver esse momento. Essas atitudes que vão se contrapondo à crise nos alimentam, e nós estamos aqui para olhar para isso, para o lado cheio do copo.

Em 2013, quando fui convidado pelo Instituto VivaVida para trabalhar em Parelheiros, região localizada na Zona Sul de São Paulo, a encomenda inicial era trabalhar com a alfabetização de idosos em Vargem Grande, um bairro dessa região. Fizemos uma proposta mais ampla – Vargem Grande: Comunidade Saudável –, que envolvia outras questões comunitárias, que era como sabíamos fazer. Hoje esse projeto se chama Parelheiros Saudável: Territórios Abraçados.

No início, o trabalho foi se fazendo a partir dos desejos e das demandas que mapeamos na região, e junto com o Ibeac (Instituto Brasileiro de Estudos e Apoio Comunitário) e suas coordenadoras e parceiras, Vera Lion e Bel Santos Mayer, que já estavam em Parelheiros atuando em outras iniciativas. Fomos ampliando e sistematizando nossas aprendizagens.

O processo foi o mesmo que vivemos em outras comunidades: formação de um time, mapeamento de pontos luminosos e proposição de tecnologias sociais e pedagogias para caminhar junto com o território e achar caminhos de desenvolvimento, de saúde, de educação, de sustentabilidade. A permacultura também tem sido um importante caminho dessa região, que é considerada a "Amazônia paulistana", porque abriga a maior parte da água, das nascentes, das áreas verdes e produção de alimentos da metrópole paulista.

Existe ali, em pleno funcionamento, um Banco de Solidariedade, que disponibiliza o capital social das pessoas para toda a comunidade, na forma de tempo e dos talentos que cada um pode oferecer. As pessoas doam e recebem e estabelecem uma troca permanente. Isso, introjeta nas pessoas relações, inclusive econômicas, em que todos ganham. Se fôssemos calcular em real ou em dólar, já estariam bem "ricos".

Na pandemia, surgiu o mantra dos 4 Ps – pão, proteção, poesia, plantio – criado na plataforma de Parelheiros, pensado para ajudar as comunidades a atravessar, da melhor maneira possível, esse período tão sofrido. E isso não foi difícil porque essa lógica já existia, mas a emergência sanitária ativou essa potência das comunidades para realizar políticas públicas não governamentais, para cuidar das pessoas, garantir alimento, levá-las a plantar, protegê-las de todas as formas possíveis.

Graças à confiança, ao comprometimento e ao apoio do Instituto VivaVida com nossas ações na região sul de São Paulo, a plataforma Parelheiros Saudável: Territórios Abraçados envolve seis bairros, de todas as formas possíveis e necessárias. A causa é fazer de Parelheiros o melhor lugar para nascer e viver.

Ali estão, entre outras ações, as "Mães Mobilizadoras", um coletivo de mulheres, jovens e mães que assumiram, sob a coordenação do IBEAC e a parceria do CPCD, o desafio de garantir que todas as gestantes tenham seus filhos da forma mais saudável possível. E, além do acompanhamento individual delas, criou-se a Casa do Meio do Caminho, situada aos fundos da Maternidade de Interlagos, lugar onde as mulheres de Parelheiros devem ir para ter seus filhos e filhas. A casa é um lugar de acolhimento de mulheres no pré ou no pós-parto. Um exemplo para outras regiões da cidade.

Cuidando do futuro

E a regra é assim: ou o senhor bendito governa o sertão,
ou o sertão maldito vos governa...

João Guimarães Rosa, Grande sertão: veredas

Em 2009, fui convidado pela professora Cristina Loyola, então secretária adjunta de Ações Básicas de Saúde da Secretaria de Estado da Saúde do Maranhão, para trabalhar com ela no estado por uma bela causa: reduzir em 10% a morte neonatal de bebês de até 1 ano. A realidade ali era de 16 óbitos em 1.000 nascidos vivos, e nós acreditávamos que podíamos mudar esse quadro com a participação da comunidade e com o auxílio de nossas pedagogias.

Uma das primeiras constatações foi que não poderíamos contar com médicos. A gente queria falar de saúde e cuidados; eles, em sua maioria, queriam saber de doenças. Uma diferença fundamental. Não dava. Não pestanejei:

– Se for com esses médicos, não quero trabalhar!

Mas como é que a gente faz redução de morte neonatal sem médico? O que precisamos aprender para convocar a aldeia para não perder menino? O que cada um pode fazer para salvar meninos?

Inicialmente, as respostas se pareciam:

– Eu não sei!

– Não aprendi isso no meu curso.

– É responsabilidade do Estado.

– É dos hospitais! É do governo.

A gente sempre põe na conta do outro, nada é da nossa governabilidade. Eu apenas respondia:

– Então, os meninos vão continuar morrendo aqui até as coisas melhorarem? Até entrar outro governo, aqui, neste Maranhão? Pensa: o que você pode fazer?

Fomos experimentando e fazendo o que sabíamos.

O que a gente fez primeiro foi localizar as mulheres grávidas, em cada uma das dezessete cidades em que trabalharíamos. Onde elas estavam e como é que as pessoas ficariam sabendo onde moravam. Bandeirinha na porta, placa na porta: "aqui tem uma gestante, neném chegando!"

Quem cuida? Todo mundo.

O que você pode fazer a qualquer momento?

Um exemplo: a mulher gestante tem que fazer o pré-natal, mas ela não vai porque não tem com quem deixar os outros filhos. Quem cuida dos outros filhos? Quem pode ajudar a tomar conta?

Fomos mobilizando gente para não perder nenhum menino. E nos perguntando: o que mais temos que aprender e fazer?

Organizando todo tipo de cuidado: no pré-natal todo, na semana do nascimento, nos dois dias dentro da maternidade, da primeira semana em casa até o vigésimo sétimo dia. A gente acompanhava tudo, a amamentação, a higiene, evitando conselhos errados acerca dos cuidados com a mãe e o bebê. Ia criando jeitos de não perder menino.

Qual era o princípio? Preservadas a vida e a ética, vale tudo para salvar menino! Lembram de Moçambique? Convocar a aldeia!

Nas dezessete cidades, assim era a estratégia: havia dois profissionais da área da saúde contratados, uma enfermeira e um agente de saúde. Estes se chamavam de "anjos da guarda" de gestantes e crianças. Cada dupla desses anjos devia trazer para a causa mais dez pessoas, gente da comunidade, solidária e comprometida, que se transformava em cuidador solidário. E assim fomos formando um pequeno e vigoroso exército. Chegamos a ter mais de 9 mil pessoas engajadas e comprometidas com essa causa. Claro que o resultado superou as expectativas. A mortalidade infantil neonatal diminuiu, e muito.

Essa experiência está registrada em um livro chamado *Cuidando do futuro*, escrito em parceria com a professora Cristina Loyola. O nome dessas mais de 9 mil pessoas aparecem ao final de cada capítulo, destinado a cada cidade. As várias soluções criadas, assim como tecnologias de baixo custo, estão todas descritas no livro mencionado.

A iniciativa ganhou prêmio na Bélgica, foi finalista do prêmio ODM – Objetivos de Desenvolvimento do Milênio Brasil, em 2012, ganhou o prêmio de Desenvolvimento Humano da Fapema/MA, mas, principalmente, colecionou histórias formidáveis.

Escuta essa! Em Vila Ildemar, em Açailândia, cerca de 550 quilômetros de São Luís, esse time monitorava as crianças que nasciam. Um dia, colocaram um *outdoor* na praça principal: "Há 10 dias não morre uma criança aqui", como empresas fazem para comemorar a ausência de acidentes de trabalho.

Pois bem, eles estavam rodando pela comunidade com as "anjas da guarda" e chegaram em uma casa onde havia uma criança recém-nascida de quatro dias. O alerta foi imediato.

– Esse menino está desnutrido. Esse menino vai morrer!

– Mas como vai morrer?

– Ele está desnutrido. Olha a cor, a pele toda frouxa, enrugada.

– Ih, então nós vamos ter que tirar o cartaz da praça!

– De jeito nenhum!

– Mas, se este morrer, vamos perder um menino.

– Mas é nunca!

– Ele chora a noite inteira, eu escuto lá de casa – disse o vizinho.

– E vocês não fazem nada, não batem na porta?

– Não adianta bater na porta, o pai e a mãe dele são surdos. A mãe cuida do neném quando ela vê, mas, quando ela está lavando roupa ou na cozinha, o neném fica sozinho, acorda, chora, e ela não percebe.

– Meu Deus, então nós vamos perder esse menino mesmo!

Aí, chegou um moço e disse, com toda a convicção:

– Ah, não vai morrer, não! Aqui, não morre, não! Pode fazer qualquer coisa?

– Qualquer coisa que funcione.

Ele pediu licença ao casal e entrou na casa. A casa deles fazia parede-meia com outra casa. Então ele foi nessa outra casa, a do vizinho, pediu licença também, furou um buraco perto do telhado e construiu uma geringonça. Botou uma vara, duas cordas de um lado a outro dos dois quartos, e em cima da cabeça do casal amarrou uma garrafa *pet!* Pronto!

O neném começava a chorar à noite, o vizinho soltava a corda, a mulher acordava com uma garrafada na cabeça. Era o sinal: neném chorando, hora de mamar!

Dois anos depois estive lá. A comunidade carrega o João Henrique, baita de um menino, como um troféu: "esse menino é nosso, nosso troféu. Nós não vamos perder menino aqui!"

Quando fui lá para conhecer o João Henrique, vi um casal rindo, alegre, feliz com seu menino. A mãe deu um jeito de me perguntar o que eu achava de eles terem outro filho. Eu nem pestanejei:

– Acho ótimo, um casal bonito como vocês, mas vocês vão levar garrafada na cabeça até cansar!

Rimos até!

Além desse pequeno milagre, há outras comunidades no Maranhão, como o Buritizinho, que fica na cidade de Buriticupu, um dos lugares mais miseráveis do Estado, em que a mortalidade infantil é zero. Feito que o Ministério da Saúde não conseguiu, mas a comunidade, sim. Por quê? A aldeia foi convocada e assumiu essa causa: aqui, meu senhor, não morre menino! As mulheres do Buritizinho garantem!

O ponto do doce da mobilização

A vamos. Hoje se faz o que não se faz...

João Guimarães Rosa, Grande sertão: veredas

Há um lugar no Maranhão que se chama Bom Jesus das Selvas. É um lugar malcuidado, de mais ou menos 30 mil habitantes. Lá está também a Casa Familiar Rural Padre Josino Tavares, lugar onde moram e estudam 70 jovens, 35 homens e 35 mulheres. A escola era tão mal cuidada quanto a cidade.

Numa conversa com jovens da escola, um deles veio com esta:

– Ô Tião, aqui não tem nada!

– Ô gente, é claro que tem!

– Não, não tem nada bonito aqui, aqui é tudo feio!

Fiquei lá uma semana e, no final da estada, concordei:

– Olha, eu entrego os pontos, aqui é feio demais mesmo. Ô lugarzinho feio! Eu nunca fui num lugar tão feio! Além disso falta água e comida. O banheiro é um lixo. Então, proponho uma solução.

– O quê?

– Vamos embora para um lugar bonito, uai! O mundo está cheio de lugar bonito! Juntem as malas e vamos embora daqui.

– Vamos para onde?

– Vocês não sabem, não?

– Não.

– Aí danou-se! Se vocês não sabem para onde ir, vocês estão que nem a Alice, no país das maravilhas: qualquer caminho serve!

– E não sabem fazer nada aqui nesta escola para melhorar a feiura?

– O quê, por exemplo?

– Plantar! Plantar árvores.

Silêncio. Continuei:

– Eu quero que vocês plantem para mim 10 mil árvores.

Silêncio. Continuei:

– É um desafio: nós vamos plantar 10 mil árvores nesta cidade, em dez minutos. Topam?

– Mas isso não tem jeito não, cara!

– Olha, se gastar mais do que dez minutos, eu não quero, não. Topam? Combinado?

No dia seguinte, cheguei lá para trabalhar com eles de novo.

– E, aí, já começaram?

– Ué, era sério?

– Não, cara! Eu moro numa cidade bacana lá em Minas, sabe? Você acha que eu saio de lá, um lugar bonito, para vir num lugar feio desse para conversar fiado, passear? É sério, não quero perder meu tempo, não!

A moçada encarou o desafio. A princípio, muito desconfiada. Depois foram pondo gosto no trabalho de separar as sementes, plantar e cuidar das mudinhas. Em seis meses tinham em torno de 5 mil plantinhas. A escola estava cheia. Como chegar às 10 mil árvores? Indo à comunidade, convencendo os moradores a plantarem também.

Eu comecei a perceber o entusiasmo. Alguns queriam de se ver na TV Mirante. E eu dizia: quero ir para o *Guinness Book*!

Ao fim de quase um ano, tínhamos as 10 mil mudas em condições de plantar: frutíferas, nativas, diversas. Aí providenciamos um drone que tirou uma foto aérea da cidade, onde aparecia uma cidade feia e sem verde. No computador eles aplicaram as árvores e fizeram outra foto. Assim está e assim estará Bom Jesus das Selvas. Era hora de ir de casa em casa mostrar o presente e o futuro para os moradores e marcar os locais dos plantios e os cuidados que cada morador deveria ter. Isto feito, marcamos o dia e a hora. Queríamos o dia 10, mas como caía numa terça-feira, mudamos para o dia 14 de dezembro de 2014, sábado, às 10 horas em ponto.

O padre tocaria o sino e o pastor soltaria um foguete. Com isso, mais de 9 mil pessoas estavam nas portas de suas casas e, em menos de dez minutos, as 10 mil árvores seriam plantadas. Todos correriam para a rua e os carros tocariam o tema da vitória, aquela música do Ayrton Senna, campeão!

Deu certo?

Vixe! Foi notícia de jornal, as pessoas assistiram à noite na TV. Na cidade só se falava disso.

Mas o que eu queria era ver a cara daquela moçada da escola no dia seguinte. O brilho nos olhos!

O que eles pensavam impossível, aconteceu. No dia seguinte, eles se perguntavam:

– E agora? O que nós podemos fazer?

– Agora, qualquer coisa. Quem consegue plantar 10 mil árvores em dez minutos, mobilizar uma comunidade por um ano, pode fazer qualquer coisa acontecer.

Depois, um dia, alguém me disse:

– Grande coisa, dez mil mudas em dez minutos! Um cara, na Estônia, limpou o país em um dia, tirou todo o lixo do país em um dia.

– Ah, não acredito!

Fui atrás da história. Um estudante foi a um programa de televisão e disse:

– Nosso país está sujo, as nossas cidades estão sujas, os parques estão sujos, os nossos lares estão sujos. Nós tínhamos que nos mobilizar para limpar este país, mas tinha que ser em um dia.

No dia seguinte, ele recebeu um telefonema:

– Ô cara, como é que se faz isso?

– Não sei.

Foi juntando gente, umas oitocentas pessoas que mapearam cidades inteiras, planejaram a estratégia. Ele estimou que seria necessária a participação de 40 mil pessoas, mas 60 mil se apresentaram. Iam pegar o lixo da sua casa, da sua rua, do seu bairro, e levar até alguns pontos onde outras pessoas iam descartar o lixo. Começaram, então, à meia-noite e, às 18 horas, o país estava limpinho. O cara mudou o país.

Sucessão de ousadias

*Acho que sempre desgostei de criaturas
que com pouco e fácil se contentam.*

João Guimarães Rosa, Grande sertão: veredas

Em Bom Jesus das Selvas, criamos uma causa – esse é o ponto.
Você convoca as pessoas, olha, percebe, se alimenta do IPDH e
descobre o ponto do doce numa piscadela. É isso que a gente faz.

Pois bem, começamos com o plantio das 10 mil árvores em dez
minutos. Com a comunidade escolar motivada ao extremo, os
trabalhos continuaram na escola. O caminho encontrado para
dar sentido à transformação da escola foi trabalhar com metas a
médio prazo.

O primeiro passo foi formar um time para jogar esse jogo e
criar com eles um Plano de Trabalho e Avaliação (PTA), de
três anos, que acompanhasse o currículo do ensino médio, mas
que, ao mesmo tempo, se construísse e se realizasse a partir da
realidade e dos desejos da escola. A proposta era que toda a
comunidade escolar aprendesse fazendo.

Nas primeiras formações desse time, falei com convicção:

– Se a gente quer ser um centro de excelência, nós temos que
nos alimentar com tudo o que há de melhor em nós, nas 34
comunidades do nosso entorno e também no que vem de fora.
Não é transferência, é construção. Isso não tem limite. O limite
é nossa capacidade, e isso não se esgota. Cada dia, vamos trazer

mais e mais possibilidades. É um caminho novo e caminhos novos não têm regras acumuladas. Vamos saber no aprendizado diário. Aqui é o nascedouro de uma sementeira, temos que ter a ousadia de semear essa escola como centro de excelência e também plantá-la nas 34 comunidades. Queremos humildemente aprender a ser a melhor escola de educação do campo do mundo, para que as pessoas venham aqui aprender a fazer.

O resultado dessa e outras conversas foi um PTA construído coletivamente, que virou uma inspiração para nós e orientou nossa caminhada. Ele incluiu algumas dimensões fundamentais: formação humana, integral, inclusiva; formação baseada na Carta da Terra; formação em pedagogia da alternância; formação em permacultura e bioconstrução.

O nosso **desafio 1** (primeiro ano) – **Autossuficiência hídrica**.

A escola iria produzir água necessária para seu funcionamento e para produção de alimentos.

Quando estive na escola pela primeira vez, me disseram que não tinha água. Como se vive em um lugar que não tem água? Não dá para plantar, não dá para cozinhar, não dá nem para tomar banho. A saída, na época, era uma só: o caminhão-pipa enviado pela prefeitura. Mas caminhão-pipa não é solução, nunca foi. A solução mesmo era a gente produzir a própria água – esse era o desafio!

Conseguimos construir uma caixa-d'água de 50 mil litros e coletar 200 mil litros de água por ano. Ainda há espaço para mais três caixas. O indicador é nunca mais entrar caminhão-pipa na escola. As pessoas aprenderem que é possível fazermos isso, na Casa Familiar Rural, nas comunidades, em todo lugar.

O que significa isso? Primeiro, autoestima. Segundo, economia direta para o município. Quem sabe, um dia, vamos colocar esse desafio para o município e nunca mais precisar de caminhão-pipa para canto nenhum?

Qual a interface disso com o currículo? Simples: professores de física e matemática compartilharam os conhecimentos técnicos necessários para a construção da caixa-d'água e de uma barragem. E aprenderam a fazer curva de nível e cálculos de área e volume. Deu até para ver que era possível captar a água da estrada e fazer um lago na escola, com capacidade de mais de 1 milhão de litros de água que vem das chuvas. E já estão discutindo a criação de peixes nesse lago. A coisa se desdobrou. A meta foi alcançada. A escola tem autossuficiência hídrica. O caminhão-pipa da prefeitura agora busca água lá.

O **desafio 2 – Autossuficiência alimentar**.

Produzir comida para a comunidade escolar ali mesmo. Não comprar comidas enlatadas ou depender de merenda da prefeitura. Comprar? Só o sal, que a gente não consegue produzir.

A permacultura nos prova que é possível transformar pequenos espaços em lugares absolutamente produtivos, porque a ideia não é produzir com vistas nos lucros, mas na alimentação de todos.

A meta foi atingida parcialmente, mas está em vias de realização.

O **desafio 3** (o mais ousado) – **Autossuficiência financeira**.

Gerar renda a partir do que se produz. Como esse lugar pode ganhar dinheiro dignamente e produzir renda? Para quê? Ampliar biblioteca, comprar maquinário, inventar moda. Um lugar que quer ser excelente não pode ser dependente. Então, esse desafio faz parte desse desenho, dessa causa.

Com os desafios estabelecidos, todos os projetos, dentro e fora de sala de aula, foram reprogramados, como fruto dessa reflexão e desse plano coletivo. As ações tiveram como princípios norteadores a Carta da Terra e os valores humanos e éticos, com sustentação na permacultura, na bioconstrução e na conexão entre escola e comunidade. O programa teve que se alinhar a esses novos parâmetros, e o caminho foi resvaloso.

A nossa entrada na Casa Familiar Rural se deu pelo desejo de fazer o não feito, e tivemos muita dificuldade de conviver, no início, com uma lógica muito projetada na escolarização. "Escola é meio, educação é fim", repito sempre. E, no caso da educação do campo, qual é a visão? Queremos comunidades desenvolvidas, escolas sustentáveis. É isso que nos interessa!

Logo nos primeiros quinze dias de alternância em casa, os estudantes deram provas do tamanho do desafio. Nada do que haviam aprendido na escola era levado para as comunidades. A comunidade tinha um ritmo, a escola, outro, sem se conectarem. Para resolver isso, os desafios foram ampliados também para o território, ou seja, as comunidades passaram a integrar esse espaço para pensar e ir atrás da autossuficiência em água, alimento e renda!

Agora, os estudantes que, nesse tipo de escola, alternam um período na escola com outro em casa, organizam atividades nos locais onde vivem: rodas de conversa, exibição de filmes, biblioteca itinerante. Comprometem-se em aplicar conhecimentos práticos, como plantio de mudas e ações mais eficientes de cuidado com o solo e com a água.

Os professores também tiveram dificuldade em mudar de perspectiva, porque eles foram treinados para dar aulas, passar conteúdo, e não para ser educadores. Mas é outra esperança: professor é uma coisa, educação é outra. Alguns deles perceberam que era possível e romperam com a resistência e com o apego ao currículo tradicional. Agora, as matérias são dadas à noite, porque durante o dia todo tempo é para aprender-fazendo.

No princípio, Da Luz, que é diretora da escola, ativista da luta camponesa e defensora dessa causa da educação do campo há muito tempo, dizia:

– Tião, nós precisamos ir às comunidades, a gente conhece pouco delas.

– Também acho! Vamos criar condições para fazer isso. Isso faz parte da nossa estratégia.

Esse projeto tem mesmo esta premissa: aprender o que as comunidades sabem, fazem e desejam pode ser trabalhado todos os dias como matéria-prima da escola rural. Ou seja, que o conteúdo da escola seja a cultura das comunidades. Isso já está no DNA dessa escola.

Da Luz já tinha o desenho de intercâmbio:

– Lá na comunidade tal tem o fulano, o beltrano, que são gente *top* de linha!

– Como a gente traz essas pessoas para a escola? Como elas podem fazer a extensão da Casa Familiar Rural lá? – foram as minhas perguntas. E mais: eles podem colocar uma plaquinha lá na porta da casa: "Extensão da Casa Familiar Rural". Ou seja, um ponto de encontro para discutir a escola na comunidade e seguir internamente discutindo a comunidade na escola. É isso, essa é a bandeira, esse é samba-enredo. O resto se chama alegoria e adereço!

Queremos ir além e mais além, a gente discute isso com os parceiros. Não basta resolver o problema da água da escola. E depois? A construção disso não se faz do dia para a noite, ela exige muito trabalho. Se conseguirmos encarar esses desafios durante nove anos, eu garanto, a transformação vai estar consolidada. Por que nove anos? Nove anos é o tempo de formar três turmas na escola, que vão trabalhar, seguir criando alternativas para superar os desafios que foram colocados. A terceira turma é mamão com açúcar, porque quem rói carne de pescoço é a turma de agora. No futuro, vai ter banheiro bacana, conforto, a comunidade estará em outro patamar de interação com a escola – é outra coisa.

Estamos em uma construção que não tem fim, mas vamos deixar um mundo melhor para os que virão. Minha geração está passando a bandeira para uma outra, que vai conduzi-la muito melhor do que a minha, porque aprenderam com a gente, e nós, se formos espertos, vamos aprender com eles.

Somos muito melhores do que os professores que tivemos. E nós, como educadores, queremos que nossos alunos sejam muito melhores do que a gente. Então, é nessa lógica!

Quando fui trabalhar na Casa Familiar Rural pensando na lógica de centro de excelência, percebi que há duas coisas: uma é pensar para dentro, pensar com coração, pensar com ousadia, construir isso como valor; a outra, pensar para fora. Você começa a manifestar seus desejos e a falar alto para que os outros te escutem, te questionem, te critiquem e te validem, para saber se o que a gente está falando, pensando alto, é coerente. Depois, colocamos a bola no chão, fazemos um plano de trabalho, e ele, por si só, vira um discurso, que a gente passa a levar para vários lugares.

E, nessas idas e vindas, a gente vai construindo saberes e compartilhando causas. Outras quinze casas familiares rurais maranhenses preparam-se para aderir a essa nossa proposta, de se tornarem centros de excelência em educação no campo. Cada uma com suas especificidades e programas próprios, embora com agendas em comum. O abastecimento de água, por exemplo, é um problema de dez das quinze iniciativas. Os jovens formados em Bom Jesus das Selvas serão os multiplicadores do formato, já habilitados para isso.

Chegamos a desenvolver uma série audiovisual no Cinema Meninos de Araçuaí, que é uma espécie de telecurso, baseado nessa estrutura, nesses desafios, para capacitar e gerar reflexão e ação em escolas do campo de todo o Brasil e, quem sabe, até de fora.

A partir da ousadia do trabalho de campo, estamos construindo possibilidades para que outras escolas e um sistema inteiro tenham a coragem de se tornar um lugar cheio de sentido, um centro de excelência.

Já imaginou centros de excelência em educação no campo, em primeira infância, cuidado neonatal, educação infantil, permacultura, produção audiovisual espalhados por cada cantinho deste país?

Eu vivo imaginando. É minha utopia!

Educação no campo: excelência como horizonte

Afirmo ao senhor, do que vivi: o mais difícil
não é um ser bom e proceder honesto: dificultoso, mesmo,
é um saber definido o que quer, e ter o poder de ir até o rabo da palavra.

João Guimarães Rosa, Grande sertão: veredas

No Vale do Jequitinhonha e no Maranhão, conheci experiências de educação no campo encampadas por movimentos de associações familiares. E, olhando para elas, caiu a ficha: se vale a pena lutar por alguma coisa, é pela educação do campo. Mas quero pensar para o Brasil.

O que não foi feito ainda? O que pode vir a ser feito? Se nós fizermos, o que pode acontecer? Não existe experiência de escolas ou casas familiares rurais no Brasil que conseguiram cumprir plenamente seus objetivos originais, de integração total e absoluta da escola com a comunidade. A gente se propôs a enfrentar justamente esse desafio.

A educação no campo é uma grande possibilidade neste país, por estar relegada ao segundo plano. São escolas com gestões menos engessadas, mais comprometidas com o destino dos territórios onde estão instaladas. As Casas Familiares Rurais e Escolas Familiares Rurais[8] se baseiam em algo muito interessante: **a pedagogia da alternância**. Os estudantes alternam um período na escola com outro em casa e na convivência familiar, ou seja, há, nessa dinâmica, uma possibilidade real de criar

---

8 São modelos desenvolvidos a partir de 1930 na França e na Itália e trazidos pelos padres jesuítas para o Brasil como alternativa educacional para zonas rurais.

uma conexão entre escola e comunidade, entre os saberes dos dois lados.

Qual cenário eu vi?

Em Araçuaí, apesar da boa formação técnica em agricultura oferecida pela escola, a estratégia não garantia que os alunos ficassem no campo. Dos dezenove formandos de 2014, todos foram trabalhar no comércio ou prestar vestibular na cidade. O esforço comunitário para garantir a formação dos estudantes e criar condições para a sua permanência no campo não teve efeito. Mas, se você olhasse dentro da escola, veria que ela era capaz de produzir recursos não só para sua manutenção, mas até para vender serviços e ficar menos dependente dos recursos públicos. Dava para ver na cara dos meninos que eles queriam ficar no campo, eles manifestavam essa vontade abertamente. Só que, para isso acontecer, também era preciso outra vontade: a política, de quebrar o modelo tradicional de educação. Esses alunos tinham quinze disciplinas no currículo, o mesmíssimo programa dos alunos da cidade, que não conversava com a realidade deles. Como iam querer ficar ali?

Um breve exemplo desse descompasso: aqueles jovens estavam estudando piscicultura no curso técnico. À primeira vista, muito legal! Na hora que iam para casa, o pai estava precisando de ajuda para colher mandioca. Como esse jovem ia fazer piscicultura em um lugar que nem água tem? Esses meninos teriam que aprender qual o melhor jeito de produzir mandioca e fazer da mandioca um produto altamente rentável e sustentável para que a família dele pudesse sair do buraco. Mas essa era uma discussão que não estava no programa... Que conhecimento é esse? Serve para quem? Quem inventou que tem que dar curso de piscicultura no semiárido sem água e sem saber captar água?

Tudo estava correto em termos de conteúdo, mas não funcionava nem para os jovens, nem para as famílias. Eles mesmos diziam que, quando partiam para o vestibular, Enem ou concursos, saíam prejudicados, mas não havia nada que os segurasse e apoiasse ali no campo.

Por outro lado, a gente percebeu que dentro da escola eles produziam um tipo de porco, que é o porco 415, considerado o mais rentável do mercado. O porco é enorme, comprido, alto, parece um garrote, um tipo desenvolvido, produzido e criado na escola. Por que isso não vira conhecimento da comunidade, se ele é tão bom e tão rico?

Perguntei:

– Quantos porcos são necessários produzir para vender, para que essa escola nunca mais precise correr atrás de dinheiro?

Responderam:

– Dez porcos por ano.

– Então, se produzirem vinte, vai ter lucro, ter caixa. Dá para resolver os problemas fundamentais de água, esgoto, saneamento, atividades culturais, mais para todo mundo, ou seja, dá para equacionar o descompasso.

A proposta, que me parecia tão lógica, não foi para a frente.

No Maranhão, a situação era muito pior. A primeira Casa Familiar Rural com que tivemos contato foi a Padre Josino Tavares, que carrega o nome de um herói regional morto por grileiros. Localizada no município de Bom Jesus das Selvas, ela também recebe jovens da zona rural de Buriticupu, de Bom Jardim e cidades vizinhas. Lá, a situação era tão extrema que a escola poderia ser fechada pela saúde pública. Sem saneamento básico, banheiro e condições mínimas de higiene, a gente chegou a sugerir que a escola saísse dali, mas aquele era o único espaço que atendia a todos os estudantes da região que chegavam ao ensino médio. Não tínhamos outra saída a não ser propor algo radical. No caso, transformar a casa familiar rural em centro de excelência em educação no campo foi resultante de nossa ousadia em plantar 10 mil árvores em

10 minutos. A gente adora uma encrenca, uma boa encrenca pela qual vale a pena lutar – essa não seria a primeira, nem a última.

O que nós passamos a nos perguntar foi: como essas escolas podem ser centros de excelência em formação humana e integral, em permacultura e bioconstrução, em Carta da Terra, em pedagogia da alternância e em integração de todas as disciplinas? Isso é uma possibilidade de não só segurar os meninos no campo, mas dar sentido à vida no campo, à melhoria da produção, ao respeito ao meio ambiente, à geração de renda e à produção sustentável de alimentos deste país. E agora, mais do que nunca, aos cuidados com as questões socioambientais e das mudanças climáticas!

Então, para mim, esse é um ponto estratégico para a gente fazer uma transformação em nível nacional e para fazer frente a um cenário tenebroso e desafiador, que nos mostra que, se não mudarmos o estilo de consumo e não construirmos um novo modelo de vida, daqui a cinquenta anos a geração que está chegando ao mundo hoje terá dois problemas cruciais: falta de água e falta de alimentos. Paradoxal, mas verdadeiro.

Em Minas Gerais, por exemplo, existem catalogadas, além das escolas famílias agrícolas (EFAs), mais de seiscentas escolas consideradas rurais, mas em nenhuma delas há educação do campo ou para o campo. Elas são cópias pioradas das escolas urbanas. E esse tem sido um dos fatores mais fortes para o abandono do campo, a evasão escolar e o êxodo rural em busca da sobrevivência nas periferias das grandes cidades. Conversei com o presidente da Associação Mineira Escola da Família Agrícola e com a antiga secretária estadual de Educação de Minas Gerais e ela me disse que não havia nenhum projeto de educação do campo em Minas Gerais. O meu não era o melhor, era o único.

O projeto que começamos a desenhar e praticar prevê a elaboração de um modelo de desenvolvimento local e regional, a partir da zona rural de pequenas cidades, mais precisamente das escolas e de outros espaços, como centros de excelência, que possam influenciar políticas públicas. Mais de 90% dos municípios brasileiros têm uma população inferior a 50 mil habitantes. Portanto, são bastante semelhantes a Araçuaí ou a Buriticupu. Costumo dizer que nesses lugares nem precisa fazer recenseamento, dá até para fazer chamada!

Ao apresentar caminhos possíveis de transformação de escolas rurais decadentes em centros de excelência, a gente começa a dar às comunidades rurais oportunidade de se verem no futuro e, melhor, de alcançá-lo.

A vila das caixas-d'água

Não levante escândalo de começo.
Só aos poucos que o escuro é claro.

João Guimarães Rosa, Grande sertão: veredas

O trabalho do Cuidando do Futuro, lá no Maranhão, causou impactos positivos, e essas informações chegaram até a Fundação Vale, que se interessou pelo projeto. Em 2012, a economista Isis Pagy, na direção da Fundação, nos procurou para saber mais sobre o trabalho e por que ele não havia sido implementado na área por onde passam os trilhos da Ferrovia São Luís-Carajás. Explicamos que o projeto estava planejado de acordo com os indicadores das cidades com maior mortalidade infantil, mas que sabíamos que na região dos trilhos também havia muitos problemas.

Primeiro, veio o convite para a gente conhecer aquela realidade e a partir daí trabalhar de acordo com essa lógica da saúde.

Percebemos que, antes de falar em cuidar das crianças, das mães, eram necessários passos para trás, porque o lugar era absolutamente inadequado para qualquer forma de vida civilizada. Eram vilarejos, ao longo dos trilhos, que viviam das sobras que vinham dos trens. Então, eram populações que incomodavam muito a empresa, porque as pessoas invadiam os trilhos durante as paradas do trem para vender coisas aos passageiros, em dez minutos. Um tumulto! Elas pulavam para pegar carona no trem, correndo risco de sofrer acidentes. A Vale chegou a pensar em colocar um muro, uma cerca, para que as pessoas não se aproximassem dos trilhos, mas percebeu que essa não era a solução, porque não resolvia nada e potencializava a exclusão. Um erro histórico!

Começamos a notar que aquelas comunidades tinham um grau de carência extraordinário. Nosso primeiro trabalho de prospecção foi na Vila Pindaré, chamada de Presa de Porco. A Ísis reforçou que era uma comunidade-chave para eles.

A gente conheceu quatrocentas famílias e quatrocentas casas. Nenhuma delas tinha água encanada. A água "ficava" numa cacimba, em um poço que estava totalmente comprometido, contaminado. Também não tinham banheiro, como na maioria das vilas e cidades pequenas do Maranhão. As pessoas faziam um cercadinho nos quintais e, quando o buraco ficava cheio, tapavam e abriam outro, para continuar a fazer as necessidades. Então, na realidade, elas estavam contaminando seus terrenos.

O que fazer diante dessa realidade, em pleno século XXI? Não adiantava mexer com um projeto de saúde se estávamos em cima de um problema sério de causas de doença. Propusemos, então, trabalhar com a questão da captação de água.

O pessoal da Vale aceitou, muito a contragosto, porque eles não queriam envolvimento com aquela comunidade onde havia muito jogo de interesse político e muito embate. Para enfrentar a Vale ou reivindicar algum benefício, os moradores amontoavam um monte de criança e de mulher grávida na linha do trem e fechavam a linha. Pronto, não passava nada.

Vila Pindaré é um retrato da maioria das pequenas cidades e vilas do Maranhão. Só ali existiam oito associações comunitárias. Cada uma delas tinha um fundador ou um dono. Um era vereador do Sarney, outro era amigo de um cara que era inimigo do Sarney, outros eram ligados ao padre, ao pastor, a um deputado. Eles foram criando associações e cada uma delas tinha seu grupo político. Elas recebiam as benesses dos seus padrinhos e viviam disputando entre si mais benefícios da Vale e de outras instituições. E a comunidade?

Na primeira oportunidade que tivemos de conversar com as pessoas e apresentar a proposta de implementar um projeto de captação de água de chuva, segundo a técnica por nós já conhecida (a da caixa-d'água de 16 mil litros), a primeira reação dessas associações foi totalmente negativa.

– Quem é que vai trabalhar nisso?

– A comunidade, ué! A gente vai mobilizar, formar as pessoas, cada um vai ajudar em pequenos mutirões e nós vamos construir.

– Não vai dar certo! Eu estou fora!

– Eu também!

– Agora, se você quiser construir a caixa-d'água lá no meu quintal, eu até aceito, mas não vou fazer nada, não vou mover uma palha, entendeu?

A gente entendeu que não ia contar com o apoio das associações. Fomos a campo para identificar pessoas, mulheres principalmente, que enfrentavam a questão da água e foi a partir daí que aconteceu esse trabalho.

Na primeira oficina com o senhor Miro, um cisterneiro que a gente levou lá de Araçuaí, apareceram umas dez mulheres para participar. Os homens ficavam sentados nos botecos, olhando, esperando dar errado. Alguns proibiram as mulheres de participar da oficina.

A primeira casa que ia receber a caixa era meio de pau a pique, de adobe e tinha telhado de cavaco. Era um problema! Como é que íamos pegar água da chuva que passa pelo cavaco? Vai descer uma água toda contaminada!

E dana-se a achar uma solução para mais um problema, e foram muitos! Mas, ao final da oficina, estava pronta a primeira caixa-d'água! Conseguimos encher a caixa, e as vizinhas acharam o resultado fantástico.

– Ah, eu também quero!

– Eu também!

Bom, se todo mundo quer, todo mundo tem que participar. Tem que oferecer a casa, participar do mutirão em todas as casas, aprender a fazer. Foi um processo longo de oficinas para aprender fazendo. Foram construídas pelo menos dez caixas-d'água, em dez quintais. As mulheres continuavam fazendo oficinas e a gente podia então contar com um grupo de mulheres cisterneiras da melhor qualidade. Uma delas era a dona Rosa, que se destacava das demais como uma liderança. Aprendia, sabia, fazia! Trabalhava junto, trabalho pesado, cavava buraco de 3 metros de fundura, fazia as placas, carregava cimento, tudo com a maior competência.

A gente avaliou que poderia continuar com as cisternas, e esse grupo de mulheres seria contratado. Dona Rosa e a sua turma viraram as nossas cisterneiras profissionais, e as primeiras cem cisternas foram contratadas e feitas com o trabalho delas.

Os jovens já começaram a ser mobilizados para participar e tinham a missão de pintar as cisternas com tinta de terra. Isso teve um impacto muito legal, porque se criou um negócio bonito, além de funcional. Não era só uma cisterna branca, ela tinha que ser atraente, colorida. As meninas começaram a bater nas casas e perguntar como as pessoas queriam que fosse a pintura das suas cisternas. Fizeram até um catálogo dos modelos com os desenhos que elas criavam.

Esse processo foi uma conquista da comunidade. Quando terminou o tempo proposto para o projeto, a Fundação Vale decidiu ampliá-lo. Propusemos, então, para essa nova etapa, a construção de banheiros.

A parte mais legal desse momento é que os homens começaram a aparecer. Eles viram o que as mulheres construíram, que estavam ganhando dinheiro, e esse fato estava mudando a cara da comunidade.

E aí houve o troco: tinha que entrar para a oficina, tinha que aprender, e quem comandava era dona Rosa. Ela era a nossa chefe, agora!

E começaram os embates:

– Mas eu não trabalho pra mulher, entendeu?

– Então, você não vai trabalhar, porque, aqui, agora, quem contrata é ela, entendeu?

Então, os outros baixaram o facho. E aí começou o processo de construção do banheiro seco de compostagem, que também seguia o padrão do que a gente tinha feito lá no Vale do Jequitinhonha.

Essas duas coisas tiveram um impacto grande porque mexeram muito com os brios da comunidade, com a autoestima. Antes, você chegava nessas casas, pedia para ir ao banheiro e a dona da casa, morrendo de vergonha, te indicava o cercadinho do quintal. As pessoas ficavam constrangidas por não ter um banheiro, por não ter água para oferecer para as visitas. Depois que se tornaram proprietárias de cisternas e de banheiros bonitos, elas convidavam, sorridentes:

– Vem cá para você ver como meu banheiro está pintado, comadre! Acho até que ele ficou mais bonito que o seu!

Mas, até chegar aí, houve um longo caminho percorrido.

Nas rodas iniciais de apresentação do projeto dos banheiros, dona Luzenir, uma senhorinha, queria saber o seguinte:

– Eu vim aqui participar dessas reuniões porque ainda não me convenci desse banheiro de vocês. Eu nasci cagando desse jeito, no meu quintal. Eu cresci assim, eu casei assim, meus filhos cresceram assim! Há cinquenta anos que eu cago no mesmo lugar e agora vocês vêm falar que vai ser diferente?

– Vai, dona Luzenir, mas a senhora vai ver que é melhor.

– Eu já olhei ele ali, mas eu não tenho coragem! Tem que sentar no vaso? Nunca fiz isso!

Era uma coisa tão curiosa, assim, num grupo de trinta pessoas, as mulheres querendo convencer uma à outra que era preciso mudar. Essa senhora não era exceção. Muita gente falava isso, tinha receio da mudança, se iam conseguir. Da mesma forma era a questão de ter um chuveiro para tomar banho. A gente ouvia, com espanto:

– Não é dessa forma, banho aqui é de cuia. A gente vai na beira do poço tomar banho. Agora vai ter água caindo?

E a gente pensava: em que época essas pessoas vivem? Como a gente quebra esses paradigmas? Como é que a gente traz essas pessoas para conviver com a possibilidade de hábitos de vida mais saudáveis?

O processo de atrair as pessoas foi feito pela própria prática. Elas começaram a aderir pela observação, por imitação, pela beleza, pela percepção de bem-estar e de saúde. Diminuiu muito o número de doenças. Elas percebiam isso.

E a gente foi sofisticando os processos para melhorar a qualidade. A equipe de lá, coordenada pela Doralice Mota, executiva e meu braço direito no CPCD desde que cheguei a Curvelo, discutia:

– Por que a gente não põe também um chuveiro? Por que a gente não faz, então, uma área seca e uma área molhada do banheiro e destina essas águas do banho para as hortas?

As atividades foram se estendendo para as hortas, e chegou-se, enfim, ao arranjo que a gente propôs para um *kit* que chamamos Casa Saudável: caixa de captação de água, banheiro seco compostável, horta permacultural no quintal, tudo com pintura de tinta de terra. Um caminho para chegar a uma comunidade saudável, sustentável.

Essa experiência na Vila Pindaré constituiu um marco e foi abrindo perspectiva, não do jeito que a gente queria, porque, muitas vezes, ficamos condicionados ao ritmo da Fundação Vale, que determinava o local de implantação do projeto. Nem bem se concluía em uma comunidade e já tinha que ir para outra, muitas vezes para apagar os incêndios da relação das comunidades com a empresa. A gente estava levando um projeto que tinha um impacto significativo, que minimizava o conflito, gerava participação. E fomos ampliando, sistematizando as experiências, e incluindo outras comunidades e cidades nessa brincadeira.

O Casa Saudável foi sendo aprimorado, com inclusão de filtros de barro nas casas. A Vale viu que podia se somar a essa questão de melhorar a qualidade da água, de fazer monitoramento, e as pessoas também aprenderam a ter esse cuidado. O desenho do projeto, o jeito de abordar a comunidade, de formar jovens e pessoas, os agentes comunitários, o monitoramento e acompanhamento dessas pessoas foram evoluindo e produzindo desdobramentos em cada uma das comunidades, muitos dos quais relacionados à agricultura familiar, à saúde, à qualidade de vida das famílias.

Médicos cubanos, que moravam em uma das comunidades, comprovaram esse fato. As pessoas que têm água limpa têm menos doenças do que outros grupos. Essas percepções foram sendo gradativamente confirmadas, pelo sistema de saúde inclusive, as UBSs foram percebendo. É um processo de transformação efetivo. E tudo foi ficando mais interessante: o movimento de envolver a comunidade nas escolhas das famílias que iam ser beneficiadas primeiro, os mecanismos de participação, as questões da produção dos quintais, as moedas sociais criadas, as feiras de trocas. Pequenos exercícios e pequenas soluções que a equipe foi criando com muita eficiência.

A Vila Pindaré virou um cartão de visita para os moradores e para a própria Vale. As pessoas que a visitam percebem que, além das casas, ruas inteiras iam sendo cuidadas. Os pequenos jardins das casas, o verde dos quintais, árvores plantadas nas ruas, casas pintadas com tinta de terra. A gente brincava que a primeira rua cuidada era a mais bonita do Pindaré. Uma senhora chegou a falar:

– Essa aqui é a Oscar Freire da Vila Pindaré!

Essa rua virou quase um *boulevard*, tem energia, é bonita! Agora, poucos chamam esse lugar esquecido de Presa de Porco, é Vila Pindaré, com muita honra – a vila das caixas-d'água coloridas.

Atualmente, existe uma equipe grande preparada para construir. Do ponto de vista do ofício, do trabalho, tem gente ali que pode trabalhar o resto da vida construindo caixas-d'água e banheiros pelo Maranhão afora. E, ao mesmo tempo, ensinando e fazendo canteiros, mandalas, permacultura, controle de água de qualidade. Hoje, a equipe e o nome Casa Saudável são reconhecidos pelas comunidades, pelas instituições, pelo governo do Estado, e eu acho que a Vale poderia e deveria aproveitar todos esses resultados como um instrumento para estabelecer uma relação mais significativa com as comunidades. É uma riqueza mesmo!

Além da Vila Pindaré, muitas outras comunidades foram produzindo coisas geniais. As comunidades que ficam do lado da Estação do Conhecimento, em Arari, foram ainda mais impactadas, porque tinham na Estação uma fonte de informação sobre permacultura, uma referência. As pessoas iam lá, viam, faziam, incorporavam. Além de ter banheiros, caixas-d'água, hortas, elas começaram a pensar grande e a fazer os campos agroecológicos, grupos produtivos, investimento na criação de pequenos animais. Se a gente tivesse essa condição nas outras cidades que estão mais distantes, com certeza essa transformação seria mais acelerada.

Na última reunião de que participei lá, eles se juntaram e fizeram uma seleção de quem queria participar da roda, e quase cem pessoas queriam ir e falar. Como não cabiam mais que cem na roda, passei um dia sentado no meio das pessoas das comunidades, cada um querendo contar mais e mais o que estava fazendo. Foi um exercício extraordinário que o Betinho, Helbert Rodrigues, educador do CPCD, fez junto com essas comunidades. O Betinho foi embora mais cedo, levado pela Covid-19, mas, por onde passou, deixou sua marca de alegria, espírito solidário, ousado e transformador.

Arari ficou um *show!* Essa ideia de levar as pessoas para a Estação para aprender fazendo e pensá-la como lugar de referência de produção, onde podem ver na prática os processos acontecendo, e depois voltar para a comunidade e multiplicar é maravilhoso.

Esse processo permanente das pessoas buscando autossuficiência de produção, diversificação de quintais, técnicas novas para plantar mandioca e produzir arroz sem agrotóxico, tecnologia para criação de peixe virou algo fantástico!

Escada sonho

O que Deus quer é ver a gente aprendendo a ser capaz de ficar alegre a mais, no meio da alegria, e inda mais alegre ainda no meio da tristeza! Só assim de repente, na horinha em que se quer, de propósito — por coragem.

João Guimarães Rosa, Grande sertão: veredas

Há alguns anos, a Cenise Monte Vicente, psicóloga com grande experiência no campo educacional, me apresentou a um grupo de estudiosos que estava acompanhando pessoas que passaram por um alto grau de choque, de calamidade, de dor e que o tinham superado tudo. Essas pessoas são chamadas de "resilientes". E eu me interessei, comecei a aprender sobre resiliência.

Resiliência, muitos sabem, é uma palavra que veio emprestada da física. É medir a capacidade que todo corpo tem de resistir ao impacto. O exemplo mais simples é pegar um pedaço de madeira e apertar, apertar, apertar. Ele não vai deformar, porque a minha força não é suficiente. Mas, se eu botar um guindaste em cima dele, eu o amasso. Ele tem um limite, que é até onde ele resiste ao grau de choque, de impacto. Este é o ponto de resiliência. Se eu pegar uma folha de papel e apertá-la, eu amasso, mas sei que eu posso produzir resiliência, porque ela é capaz de voltar ao normal, apesar das marcas e das fissuras que vão ficar.

Como a gente percebe isso nas pessoas que conseguiram se recuperar após processos traumáticos? Como é que elas trabalharam esses impactos? Como uns voltaram ao normal e outros, não? O que há de comum nos resilientes?

Eu aprendi com Santo Agostinho que a vida é o tempo. E, segundo ele, só existe um tempo na nossa vida. Só existe o presente, não existe outro tempo, e as pessoas vivem ou no presente do passado ou no presente do presente ou no presente do futuro. Mas todos nós temos o presente. Se você olhar para trás, você vai viver o presente do passado. Ele se manifesta pela memória, pelo que fica na lembrança, pelo que te marcou. Não foi tudo o que você viveu que te marcou, isso nem é possível. E esse é um desafio para nós, educadores. Quando você dá uma aula, não é o que se fala, o que se ensina que é importante, mas o que o outro aprende. O que fica.

Tem gente que vive do presente do passado e que não consegue sair de lá, não se atualiza. Os nostálgicos vivem do passado que não volta. O passado, você lembra dele, você curte, mas não traz de volta.

Nos resilientes, a memória não se fixa em dor e tragédia passadas. Eles guardam as coisas boas que viveram, quase como uma matula para seguir viagem. E constroem uma espécie do que chamamos de "calendário baiano". Quando a gente pergunta para amigos baianos:

— E aí, fulano, você lembra da última vez que nos encontramos?

— Foi na festa do Bonfim, foi no carnaval, foi na festa de São João...

Eles lembram dos momentos da festa, da alegria, da coisa boa.

Outra característica comum entre os resilientes é que, quando enfrentaram ou viveram situações muito dolorosas ou arriscadas, eles nunca estavam ou se sentiam sozinhos. Eles sempre elegem alguém para amentá-los, lhes dar o ombro, o colo, o cafuné.

Assisti a um vídeo sobre a tragédia de Brumadinho, quando houve o rompimento da barragem em 2019, em que uma professora dizia sobre o momento pós-desastre:

— As pessoas mandavam para cá um monte de doação de alimentos, mas a gente não precisava disso, não, a gente precisava de doação de emoção.

Nas grandes dores, receber compaixão é o que a gente precisa.

Se essa "emoção" vem na quantidade e na qualidade certas, as pessoas ganham condição de passar pela dor do presente, porque o tempo passa, não dá para ficar preso a ele.

Se um jovem vive muito do presente do presente, em volta de si mesmo, só olhando para o próprio umbigo, aí acende a luz amarela, pois é risco. Não é da natureza da juventude ou dos jovens parar no presente do presente. Isso vai contra o próprio significado da origem da palavra "juventude", que vem de "jovem, "juve" e "juve" que significa Júpiter.

Quem é Júpiter? É Zeus! Aquele deus da mitologia greco-romana que tudo pode. Ousado, destemido, ágil, sonhador e, às vezes, meio "porra-louca", tipo "vamo que vamo"... Ser jovem significa ter que olhar para a frente, ser ousado (muitas vezes inconsequente), dar com "os burros n'água", mas ir em frente. Ele tem que construir, sair do presente do presente para o presente do futuro.

Em Moçambique, para entender os jovens, tive que aprender o tempo em que viviam. Não era a fome que os matava, mas, principalmente, a melancolia, que é uma dor invisível, porque dói na alma, na razão de existir. Aqueles jovens moçambicanos não tinham e nem viam o futuro. Só tinham o hoje, o presente. O amanhã não existia.

Os estudiosos perceberam que nas pessoas resilientes o que mais predomina é o presente do futuro, e o presente do futuro é formado por um negócio chamado "escada sonho". A pessoa não tem grande expectativa, um sonho longe, ela tem sonhos pequenos para serem realizados no varejo, no conta-gotas. Esse é um dos pontos que eu quero aprender a dominar. Dar mais um passo e ir, aos poucos, construindo uma escada sonho, até chegar onde desejei, e então continuar, porque uma escada sonho é infinita.

De posse destes elementos conceituais (tempo, presente do futuro, cafuné, calendário baiano, escada-sonho) dá para criar resiliência comunitária?

Dá para chegar numa comunidade e fazer essa leitura densa dos saberes, dos fazeres das pessoas, e olhar o tempo em que essas pessoas vivem?

Como é que eu faço uma leitura densa da cultura comunitária, que é pública, palpável, notória, mas também é microscópica e se nos apresenta em piscadelas, como pequenos nadas?

Como é que eu aprendo o grau de resiliência existente (a potencialidade comunitária) e como posso, por minhas ações e provocações, ampliar o repertório de resiliência de uma comunidade?

Porque a partir daí você pode construir e conjugar com eles o verbo esperançar, que não é esperar. É ir em busca da escada sonho, de algo possível, do não feito ainda, como dizia Paulo Freire. Sair da pedagogia do oprimido, passar pela pedagogia da esperança, chegar à pedagogia da autonomia, e conjugar o verbo esperançar.

Em 2017, fui convidado pela Fundação Renova para conhecer a situação da região de Mariana, no rio Doce, em Minas Gerais, que tinha passado pela tragédia do rompimento da barragem de Fundão. Perder vidas é uma tragédia sempre. Pode ser uma ou dezenove ou duzentas. É sempre uma tragédia humana. Fui para lá rodar a região para aprender, para ouvir as pessoas e, quem sabe, entender o tempo em que elas estavam vivendo. Fui parar em Barra Longa, única área urbana onde a lama entrou. Eu ficava ouvindo as pessoas e a maioria falava muito da vida antes da tragédia, antes daquela noite fatídica. Ficavam falando como seria bom voltar e ficar lá, colocar a cadeirinha no passado e viver desse sonho que passou. Presente do passado.

Mas elas davam para mim um monte de pistas, porque as pessoas não são monolíticas. Havia um monte de brechas, de possibilidades de quebrar as estruturas e oxigenar essas áreas.

Outras viviam no presente do presente. A experiência da dor, da depressão. Não dormiam, tomavam remédio, precisavam de tratamento, de ombro, de colo.

E um monte de gente vivia no presente do futuro e começava a pensar como é que seria daí para a frente. Melhorando essa dor, usar a própria lágrima para lavar a tristeza, enfrentar a crise, encontrar caminhos.

E agora?

Como sou movido pelo lado cheio do copo, me interessava convocar esse pessoal para construir futuros possíveis, o presente do futuro. A grande piscadela foi uma conversa que tive com a professora Júnia.

— De que você mais lembra, Júnia?

— Eu lembro de duas coisas que nunca mais vou esquecer na minha vida! Primeiro, o barulho indescritível da lama invadindo tudo. Esse som eu escuto todos os dias. Eu durmo com ele e provavelmente ele vai ficar me perseguindo por toda a minha vida. A outra é que, no dia seguinte, no desespero, um senhor bateu a mão no meu ombro e falou: "Moça, eu viajei 500 quilômetros e vim para cá para ajudar vocês a tirar a lama da cidade. Por onde eu começo?"

Aí ela desfaleceu! Quando voltou do choque, só conseguiu responder:

— Meu senhor, aqui não tem nada, não está vendo? Não tem comida, não tem lugar para ficar, não tem água.

— Eu só quero saber por onde começo.

Ela nunca mais vai esquecer essa pessoa. Ela não sabe quem é ela, não sabe o seu nome, só sabe que nunca mais vai esquecê-la.

Aí foi a minha vez:

— Júnia, eu não viajei 500 quilômetros, estava mais perto, mas vim para cá com um propósito. A lama vocês já tiraram, mas preciso saber como é que a gente constrói aqui futuros possíveis. Você topa?

Eu não sabia que Barra Longa é a segunda cidade mais antiga de Minas, depois de Mariana. Nunca me contaram. A cidade, de trezentos anos, que tinha 40 mil habitantes, hoje tem 6 mil.

— Saíram por causa da tragédia?

— Não, já tinham saído. A cidade está esvaziando gradativamente.

— Mas qual o futuro desses jovens que vão embora ou ficam?

— Trabalhar e estudar em Ponte Nova.

Isso não é futuro! Temos que pensar nesse lugar como opção de vida. Temos que transformá-lo para que ninguém queira ir embora e para trazer de volta os que se foram.

Foi assim que nasceu o projeto Barra Longa: presente do futuro saudável.

Em Barra Longa, percebi que essa resiliência comunitária existe, e nós começamos a trabalhar com ela. Juntar as pessoas de lá, os jovens que são motivados, e provocar um novo olhar sobre eles e a cidade. Um dia, pedi a eles que fizessem uma lista das pessoas mais luminosas da cidade. Apareceram uns quinze nomes. Três estavam em todas as listas – medalha de ouro! Quem aparece em duas listas? Oito ou nove medalhas de prata. O restante? Medalha de bronze. Todos subiram ao pódio. Estava levantada a estratégia e a bandeira. Juntar essas pessoas luminosas, reconhecidas pelos seus pares, e compartilhar com elas uma causa: transformar esse lugar em um lugar melhor do que era, construir uma cidade fraterna e potente, para os que vivem aqui, para os que virão e para honrar a memória daqueles que se foram.

E Barra Longa nunca mais foi a mesma!

Esperançar e seguir

O real não está na saída nem na chegada.
Ele se dispõe para gente é no meio da travessia.

João Guimarães Rosa, Grande sertão: veredas

Descobri muito cedo que eu vim à vida a passeio, não a trabalho. E, como vim a passeio, tenho que aproveitar o máximo do tempo que tenho, que é menos do que eu gostaria, para viver com intensidade.

Também percebi que preciso ter muito pouco e ser muito mais. Preciso ter saúde, é a única coisa que preciso ter. Mas preciso ser educado e, para mim, ser educado é aprender durante toda a vida e mais quinze dias, não esgotar o repertório, e ainda deixar perguntas para trás. Levando em conta essa medida, preciso ser seletivo com o que vou aprender, tem que ser o que faz sentido para mim. Preciso ser livre, que é o exercício pleno da minha capacidade de senso crítico e de fazer escolhas. E ser feliz. Por fim, me sentir bem com o que eu tenho e com aquilo que eu sou. Não é muita coisa, né? São coisas simples.

Quando você tem consciência disso, a sua vida muda de perspectiva e aí vem a próxima pergunta: como é que eu coloco essa dádiva que recebi, esses privilégios todos, à disposição das pessoas e do mundo que me acolheu?

É isso que me alimenta, que me faz levantar todos os dias. É o meu "caril", como aprendi com os jovens de Moçambique. Aprendi com eles como combatiam a melancolia, que era a sua carga de sofrimento diário.

– Nós saímos todo dia em busca do nosso caril.

– Caril não é tempero?

– É. Todo dia há de se sair de casa em busca de um gosto para a vida. E ela tem um gosto diferente a cada dia.

Nesse tempo que estou a passeio quero encontrar um tempero novo a cada dia e repartir esse gosto com quem quiser, com quem estiver disposto a buscar comigo os deslimites do nunca havido: ainda!

E como não podia deixar de ser, quero por fim a essa narrativa na companhia do meu mestre Guimarães Rosa: "viver... o senhor já sabe: viver é etcétera...".[9]

---

9 João Guimarães Rosa, op. cit., p. 73.

ÁLBUM DE FOTOS

Roda grande no projeto Ser Criança, em Araçuaí (MG)

Alfabetização de jovens e idosos em Parelheiros, São Paulo (SP)

Crianças jogando damática, em Curvelo (MG)

Plantio de 10 mil árvores em Bom Jesus das Selvas (MA)

Ação com tinta de terra, na Dedo de Gente, em Araçuaí (MG)

Bornal de Livros na rua, em Araçuaí (MG)

Projeto Sementinha em ação, em Santo André (SP)

Pintura de cisternas com tinta de terra, na Vila Pindaré (MA)

Meninos de Araçuaí em cena com o grupo Ponto de Partida, no espetáculo Presente de Vô

Projeto Sementinha no vale do rio São Francisco

Tião em Moçambique

Equipe de educadores em formação no Baianão, em Porto Seguro (BA)

Tião na roda do projeto Ser Criança

TIÃO ROCHA

TIÃO ROCHA

[Quem é Tião Rocha?]

- Tião Rocha é meu nome, Sebastião é apelido. Ninguém me chama pelo apelido.

- Antropólogo (por formação acadêmica), educador popular (por opção política), folclorista (por necessidade), mineiro (por sorte) e atleticano (por sina).

- Idealizador e diretor-presidente do Centro Popular de Cultura e Desenvolvimento - (CPCD), criado em 1984, em Belo Horizonte (MG).

- Idealizador e diretor-presidente do Banco de Êxitos S.A. - Solidariedade e Autonomia, - criado em 2003, em Belo Horizonte (MG).

[Outras atividades]

- Ex-membro da Ashoka.
- Ex-líder da Avina.
- Ex-membro do Conselho Universitário da UFMG.
- Ex-professor universitário da PUC-MG e da UFOP-MG.

[Publicações]

*Livros

- *Calendário folclórico brasileiro.* Venezuela: Inidef, 1975.
- *Minas perpétua.* Coautoria. Belo Horizonte: Sesc-MG, 1990.
- *O saber cristalizado.* Belo Horizonte: CPCD, 1995.
- *Afinal, o que é ser mineiro.* Belo Horizonte: Sesc-MG, 1996.
- *O caminho das pérolas:* novas formas de cuidar em saúde. Coautoria com Cristina Loyola. São Luís: Unigraf, 2002.
- *Álbum de histórias.* Coordenação. Belo Horizonte: CPCD, 2005; São Paulo: Imprensa Oficial, 2005.
- *Sabores & cores das Minas Gerais.* s. l.: Senac Nacional, 2009.
- *Folclore:* roteiro de pesquisa. Várias edições. Belo Horizonte: CPCD, 2010.
- *Cuidando do futuro:* redução da mortalidade materna e infantil no Maranhão. Coautoria com Cristina Loyola. Petrópolis, RJ: Sermograf, 2012.

* Artigos publicados na www.cpcd.org.br

- O fazer popular no sertão mineiro.
- Guia de festas populares brasileiras.
- O vale sagrado do Peruaçu.
- Cultura: matéria-prima de educação e de desenvolvimento.
- Artesão: sujeito e objeto de seu trabalho.
- Rua que te quero criança.
- Violência doméstica contra crianças e adolescentes.
- Uma história e muitas vidas (Tia Rainha).

* Vídeos veiculados na www.cpcd.org.br

- Gente que Faz - Bamerindus, 1994.
- Grandes Mineiros - Vale, 2006.
- Roda Viva - Rede Minas, 2007.
- Globo Rural - Araçuaí Sustentável, 2009.
- Globo Ciência - Rede Globo, 2009.
- Mineiros de Ouro - TV Alterosa, 2010.
- Movimento Natura - Natura, 2011.
- Quando sinto que já sei, 2014.
- Tião Rocha e a pedagogia do abraço, episódio do *podcast* Vidas em cordel, 2023.

[Reconhecimentos]

- Insígnia da Inconfidência: 200 Anos da Inconfidência Mineira, Ouro Preto, 1989.
- 1º lugar - Concurso da Universidade de Brasília (UnB): "Universidade comunitária da Ceilândia", Brasília (DF), 1989.
- Gente que faz - Bamerindus / Rede Globo, 1994.
- Defensor da cultura e do folclore de Minas Gerais - Homenagem da Universidade do Estado de Minas Gerais, 1996.
- Líder social do Brasil, 2001.
- Líder Avina, 2002.
- Grandes mineiros - Vale do Rio Doce / Rede Globo, 2006.
- Medalha de Honra da Inconfidência - Ouro Preto, 2007.
- Empreendedor social brasileiro - Fundação Schwab e *Folha de S. Paulo*, 2007.
- Personagem mais marcante do ano - Programa Globo Rural Retrospectiva 2009. Rede Globo, 2009.

ESTE É UM LIVRO SEM FIM

Sua experiência leitora pode encontrar
a de muitos outros, aqui:

www.editorapeiropolis.com.br/tiao-rocha

Copyright @ 2025 Tião Rocha

Editora **Renata Farhat Borges**
Editora Assistente **Ana Carolina Carvalho**
Organização e elaboração de texto **Luciana de Souza Aguiar**
Projeto gráfico, ilustração de capa e editoração **Márcio Koprowski**
Revisão **Mineo Takatama**

As epígrafes escolhidas para este livro foram retiradas de:
João Guimarães Rosa. *Grande sertão: veredas.*
São Paulo: Círculo do Livro, 1986.

Dados Internacionais de Catalogação na Publicação (CIP) de acordo com ISBD

R672t	Rocha, Tião
	Topa?: um educador em busca do não feito: ainda / Tião Rocha. – São Paulo : Peirópolis, 2025.
	240 p. ; 15cm x 22,5cm.
	ISBN: 978-65-5931-337-2
	1. Educação. 2. Pedagogia. 3. Educador. 4. Processo de aprendizagem. 5. Arte educação. I. Título.

CDD 370

2024-1685   CDU 37

Elaborado por Odilio Hilario Moreira Junior – CRB-8/9949
Índice para catálogo sistemático:
1. Educação 370
2. Educação 37

Todos os direitos reservados para
Editora Peirópolis
Rua Girassol, 310f - São Paulo - SP
T. (55 11) 3816-0699
vendas@editorapeiropolis.com.br

A gente publica o que gosta de ler:
livros que transformam.

Missão

Contribuir para a construção de um mundo
mais solidário, justo e harmônico, publicando literatura
que ofereça novas perspectivas para a compreensão
do ser humano e do seu papel no planeta.

Este livro foi impresso nas oficinas da
Assahi Gráfica no outono de 2025.